FLIEGER AUS PAPIER

Jack Botermans

Flieger aus Papier

Redaktion Heleen Tichler

Weltbild

Zusammenstellung, Modelle, Fotos und Illustrationen: Jack Botermans
Text: Jack Botermans und Heleen Tichler
Übersetzung aus dem Niederländischen: Rosemarie Still
Lektorat der deutschen Übersetzung: mimo-booxx, Augsburg
Genehmigte Sonderausgabe für die Verlagsgruppe Weltbild GmbH,
Steinerne Furt 67, D-86167 Augsburg

ISBN 3-8289-2463-8
Einkaufen im Internet: *www.weltbild.de*

Aller Anfang ist schwer.

INHALT

Ein Papierflieger aus Euroscheinen. Eine originelle Geschenkidee.

Papierflugzeuge falten: Ein Kinderspiel oder unerfüllte Knabenträume? Lange schien es so zu sein, denn sogar die Leute, die sich ernsthaft damit beschäftigten, wurden oft genug ausgelacht. Das passierte auch einem namhaften Professor, der während einer einschläfernden Theatervorstellung ein Papierflugzeug aus dem Programm faltete, das mehr oder weniger unbeabsichtigt seine Hand verließ und mehr Aufmerksamkeit erregte als das, was auf der Bühne dargeboten wurde.

Ein Wettbewerb der Zeitschrift „Scientific American" brachte die Wende. Die „I. International Airplane Competition" wurde am 12. Dezember 1966 mit einer ganzseitigen Anzeige in „The New York Times" angekündigt. Der Anlaß dafür waren Boeing- und Lockheedentwürfe für ein Überschallflugzeug (uns heute als Concorde bekannt), die sehr an die uralten und vertrauten aus einem Stück Papier gefalteten Flugzeuge erinnerten. Die Beteiligung war sehr groß und die Vermutung von „Scientific American" traf zu: Viele begabte „Flugzeugingenieure" vergeudeten ihr zweifellos vorhandenes Talent bei anderen Tätigkeiten.

Es werden zweifellos bis heute etliche Millionen Flieger gewesen sein: die Schulheftseiten aus holzfreiem, liniertem Papier, die aus Zeitschriften herausgerissenen vierfarbigen Seiten, die entweder ungeschickt oder sorgfältig gefaltet durch die Lüfte flogen und ihre erste sanfte oder manchmal harte Landung machten. Wer hat sie nicht hergestellt: Das alte Schulbubenmodell, das zwar gediegen, aber doch auch etwas ungeschickt aussah – der Nachbarjunge kriegte es immer besser hin –, jedoch einmal in der Luft, erwies es sich als anmutig und graziös. Das Langeweile-im-Bürostuhl-Modell, acht Falten in das ärgerliche Memo des Chefs, und siehe da: ein langer Gleitflug und ganz kurz die Illusion, daß der Mensch den Luftraum meistern konnte. Sie dauerte allerdings nie länger als drei Sekunden, und dann konnte man sich wieder mehr oder weniger enttäuscht dem Tagesgeschäft zuwenden.

Daß das Papierflugzeug keine Erfindung aus der Bürowelt ist, bewies bereits Leonardo da Vinci, der einer langen Reihe von Forschern voranging, indem er mit aus Pergament gefalteten Flugmaschinen Experimente durchführte. Und wenn die Gebrüder Montgolfier nicht mehr oder weniger zufällig einen Papiersack über das Holzfeuer gehängt hätten, wäre der Luftballon von einem anderen erfunden worden.

Schon immer bedienten sich die Menschen eines Bogens Papier, wenn es galt, dem Traum vom Fliegen Gestalt zu verleihen. Das ist auch heute noch so, obwohl die Phantasien weniger romantisch, als wir gehofft hatten, durch Jumbojet und Concorde verwirklicht wurden. Wollten wir nicht alle in unserer frühesten Jugend neben Straßenbahnfahrer auch Düsenjägerpilot werden? Es gibt Bausätze aus Plastik, um ein Flugzeug originalgetreu nachzubauen. Aber wie echt ist so ein Flugzeug, das zu schwer ist, um fliegen zu können? Fliegen kann so ein radiographisch steuerbares, viel Lärm machendes Gefüge aus Balsaholz und Lack, das nach monatelanger Arbeit an einem trüben Sonntagnachmittag trotz all der Technik zu einem spontanen Selbstmordabsturz ansetzt. Die Wirklichkeit maßstabsgetreu nachahmen zu wollen, läuft oft auf eine Desillusionierung hinaus.

Der Reiz des Faltens eines Fliegers aus Papier liegt in der formgebenden Tätigkeit: Ein Stück Papier wird zu einem dreidimensionalen Objekt, das aus der Handfläche in die Luft gleitet und dort eine Zeitlang verweilt – ohne störendes Geräusch, fettige Hände oder zusammengeklebte Finger. Flieger aus Papier sind umweltfreundlich und verbrauchen keine Energie, außer der menschlichen. Man braucht dafür Erfindungsgabe, Ausdauer und Durchhaltevermögen. Sie können drinnen oder draußen fliegen, obwohl ein schwüler Sommerabend mit viel Thermik oder ein Hochhaus manchmal befriedigendere Resultate erzielen läßt.

Manchmal sieht das Falten eines so einfachen Flugzeugs leichter aus, als es in Wirklichkeit ist. Viele Prototypen werden frühzeitig im Papierkorb landen. Aber wirkt es nicht auch befriedigend, die Millionen verschlingende F-16 aus einem schlichten Stück Papier nachbauen zu können? Und wer hindert einen daran, seine eigene Luftfahrtshow zu organisieren, die eigenen Farben zu verwenden und selbst Modelle zu entwerfen? Viel Werkzeug braucht man dafür nicht: zwei Hände, eine Portion Geduld und eventuell das, was auf Seite 9 aufgeführt ist.

Auch so kann Luftpost versendet werden.

Technik und Werkzeuge

Das Grundwerkzeug für das Falten von Papierflugzeugen sind unsere beiden Hände. Für einige Modelle ist jedoch etwas mehr erforderlich, aber die benötigten Werkzeuge sind in jedem Haushalt vorhanden. Für das Falten der Papierflugzeuge gilt: Es muß gewissenhaft gearbeitet werden und man muß die Abbildungen erst aufmerksam betrachten. Wenn etwas nicht sofort verständlich ist, sollte man die nachfolgende Abbildung studieren, wodurch die vorherige verdeutlicht wird. Etwas Geduld ist allerdings in manchen Fällen notwendig.

Allgemeines

Man sollte auf einer sauberen Oberfläche arbeiten. Das Grundmaterial für das Falten der Papierflugzeuge ist natürlich Papier. Das Gewicht, die Papierstärke, hängt mit der Größe des herzustellenden Modells zusammen. Für Modelle in der Größe von 10 bis 20 cm benötigt man 60-g-Papier. Die Maße der Modelle, die in diesem Buch behandelt werden, basieren meistens auf 80-g-Papier. Wer nicht genau weiß, was 80-g-Papier ist, kann einfach handelsübliches Kopierpapier verwenden. Kompliziertere Faltmuster erfordern dünneres Papier bis hin zu Zigarettenpapier; aber dafür braucht es dann schon einen erfahrenen Papierfalter. Als Grundregel gilt jedoch stets: Je größer das Modell, desto dicker das Papier. Trotzdem kann man natürlich immer experimentieren. Vor dem Falten sollte man immer erst die nächstfolgende Zeichnung betrachten, denn auf diese Weise kann man sehen, wie das Resultat aussehen soll. Das gleiche gilt auch für die Fotos der Modelle, die möglicherweise mehr aussagen als alle Erklärungen.

Um Kanten scharf zu bekommen, kann man sie vorritzen. Man fährt dazu mit der Schneide einer Schere fest an einem Lineal entlang über das Papier, dort wo die Falte hinkommen soll. Man kann das Papier auch mit einem Messer anritzen, was aber nur bei stärkerem Papier zu empfehlen ist, da man aufpassen muß, das Papier nicht zu zerschneiden.

Manche Faltungen erfordern eine „Doppelfalte", das heißt, daß das Papier in beide Richtungen gefalzt wird, so daß eine biegsame „Scharnierfalte" entsteht. Außerdem gibt es noch die „entgegengesetzte Falte", die hier mit einer Abbildung verdeutlicht wird.

Erklärungen der Illustrationen

Gestrichelte Linie: die Stelle der Falte.
Durchgezogene Linie: die Stelle einer bereits gemachten Falte oder Schnittkante.
Schere: einschneiden wie angegeben.
Pfeil: Richtung der Falte; ein ovaler Pfeil gibt an, daß das Modell umgedreht werden muß.
Die „entgegengesetzte" Falte: zuerst auf der gestrichelten Linie hin und her falten und dann die obere Spitze nach innen falten, wie es der Pfeil angibt.
Der „Hochspannungspfeil": dieser Pfeil gibt an, daß erst eine Falte nach innen gemacht werden muß und dann eine Falte nach außen. Wenn man exakt der Richtung des Pfeils folgt, kann nichts schiefgehen.

Werkzeuge

Das wenige, das wir brauchen, muß gut sein: eine scharfe Schere, am besten ein kleines Modell, z. B. die Friseurschere; einen Bleistift, um Abstände anzugeben, nicht zu hart, damit man ohne weiteres wieder ausradieren kann; einen Cutter, dessen Messer – wenn es stumpf ist – abgebrochen werden kann. Papierleim; einen Hefter, um Teile des zu faltenden Modells aneinanderzubefestigen (Tesafilm oder Leim kann die Heftmaschine in vielen Fällen ersetzen); ein Lineal, um gerade Falten zu machen und um das Papier auf das richtige Format zu bringen.

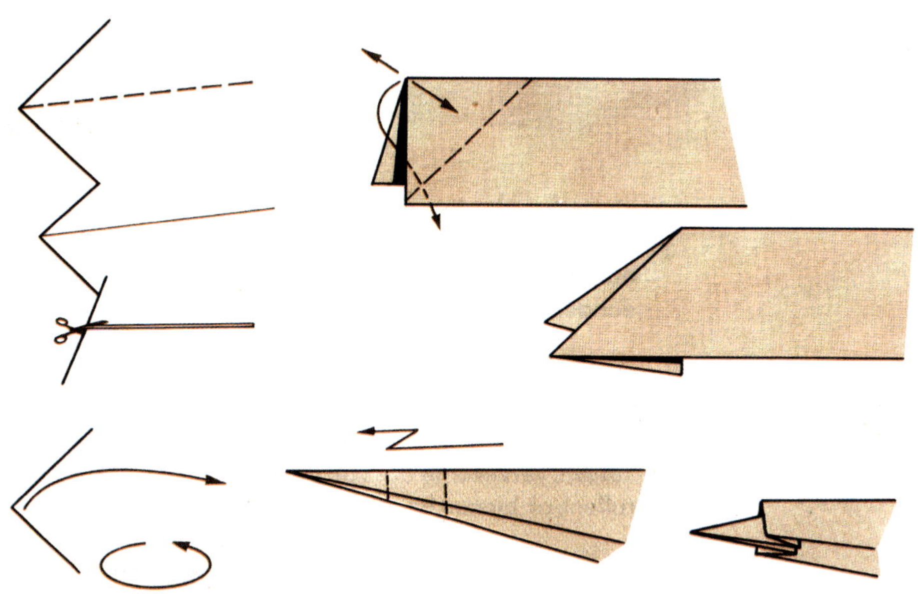

PHANTASIEFLUGZEUGE

In erster Linie handelt es sich hier um Grundmodelle, bei denen Platz ist für ganz individuelle Varianten, für die Phantasie des einzelnen. Phantasie bedeutet hier aber auch, daß die Modelle nicht direkt einem Originalflugzeug ähneln, wohl aber Detailkenntnis erkennen lassen, z. B. eine Tiger Moth mit Deltaflügeln auszustatten. So kann man beispielsweise aus einem Doppeldecker einen Eindecker machen oder aber einen Liebesbrief durch eine besondere Faltmethode am Bestimmungsort landen lassen.

Ein Zimmermann lernt zuerst, wie man einen Nagel ins Holz schlägt. Bei Fliegern aus Papier sind es die Falttechniken: Wie, wo und auf welche Weise gefaltet wird, wird an Hand der Abbildungen ausführlich erklärt. Darum sind die Phantasieflugzeuge auch in erster Linie nicht dazu da, optimale Flugleistungen zu erzielen – obwohl sie den Anforderungen durchaus entsprechen –, sondern um die Arbeitsweise zu verdeutlichen und die Falttechniken ganz auszuschöpfen.

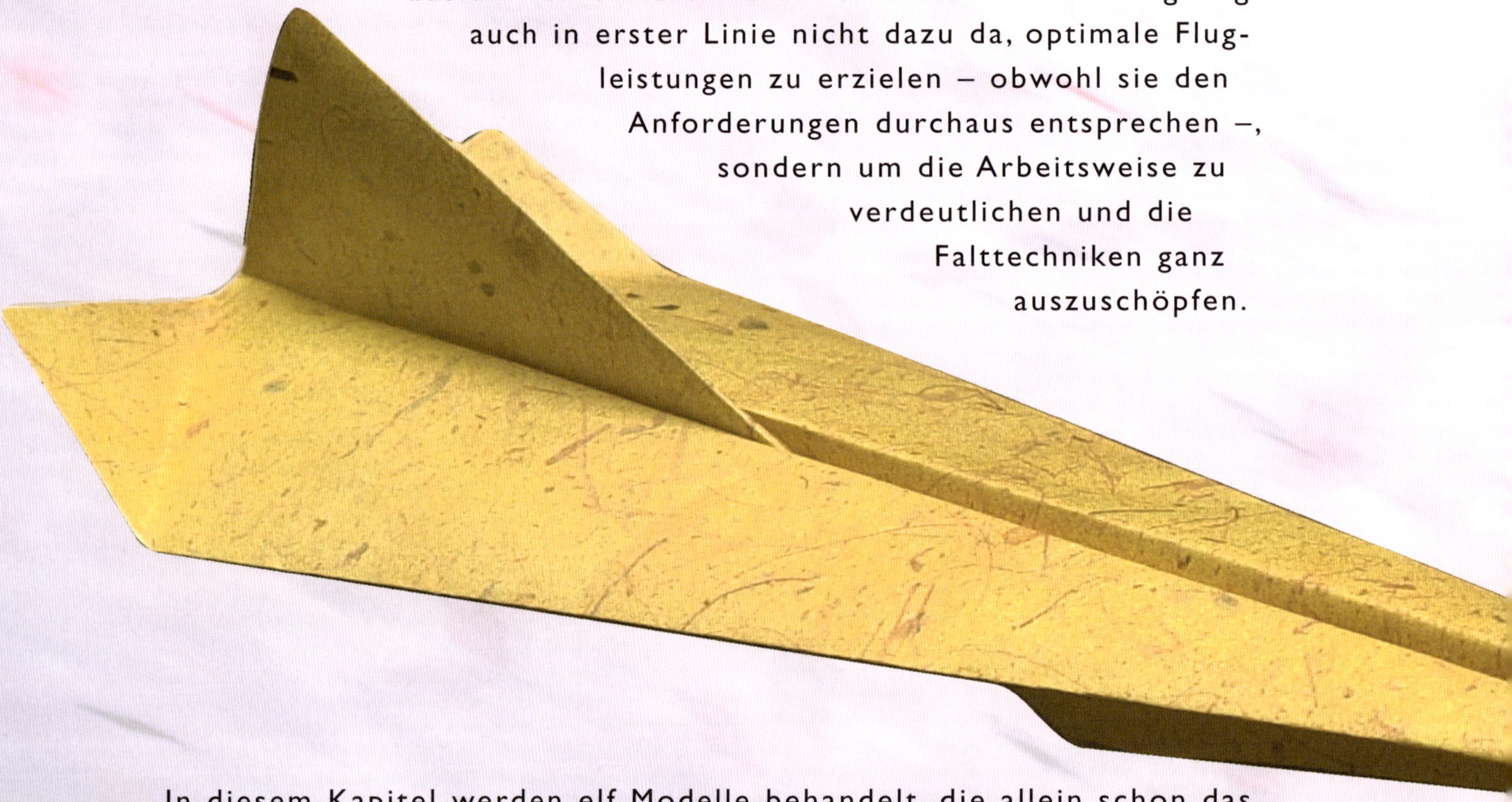

In diesem Kapitel werden elf Modelle behandelt, die allein schon das Falten wert sind. Ein paar schwierige sind auch dabei. Sie lassen sich alle auch untereinander kombinieren. Man sollte sich nur mit reichlich Papier eindecken.

Grundmodell

Jeder hat dieses Flugzeug schon einmal gefaltet, es ist der Typ, der ziemlich viele nichtsahnende Lehrer vor der Tafel in den Rükken getroffen hat. Es ist schnell und einfach herzustellen und wird aus einer Seite (Schreib-)Papier von 20 x 30 cm gefaltet. Vom Typ her sieht es wie ein raketenartiges Flugzeug aus. Es ist eine gute Grundlage zum Weiterbasteln. Man könnte z. B. die Flügel der „Wright Flyer" (S. 16) darauf kleben. Eine Heftklammer hält die Flügel an ihrem Platz; in der Abbildung wurden sie etwas tiefer festgemacht. Dadurch bekommt das Modell mehr Volumen und noch mehr Stärke. Die Ruder sind so zu falten, daß das Flugzeug verschiedene Flugmanöver ausführen kann, wie bei der Faltmethode schon angedeutet wird.

1

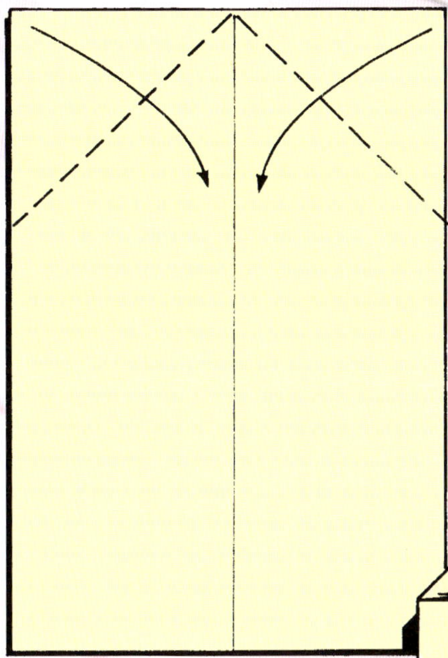

1. Man faltet ein Papier von 20 x 30 cm der Länge nach doppelt und öffnet es wieder. Danach werden die zwei Spitzen an den gestrichelten Linien nach innen geknickt.

2. Die zwei Seiten werden an der gestrichelten Linie zur Mittelfalte hin geknickt.

2

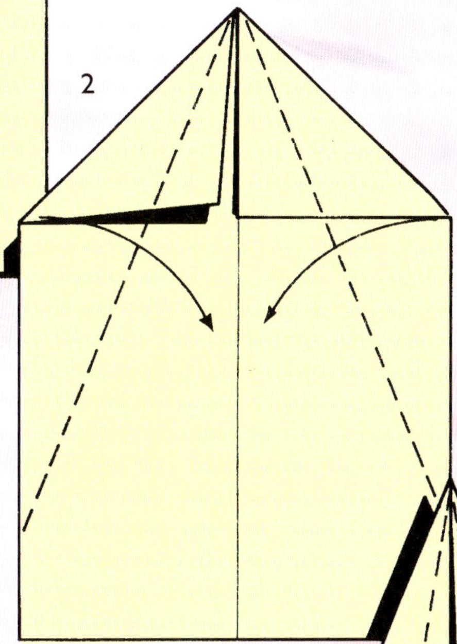

3. Auf die gleiche Weise bringt man noch einmal die zwei Seiten nach innen zur Mittelfalte.

4. Die Figur wird dann doppelt auf den gestrichelten Linien gefaltet.

5. Man heftet die Flügel beim Pfeil fest, nachdem man sie erst ein wenig nach unten gezogen hat. Die Rückseite wird an der gestrichelten Linie nach innen und nach oben geknickt, so daß ein sogenannter Stabilisator entsteht (s. S. 9). Anschließend werden die Flügelspitzen geknickt – nach oben für Loopings, nach unten für Sturzflüge, eine Klappe nach oben und eine nach unten für einen Korkenzieherflug.

3

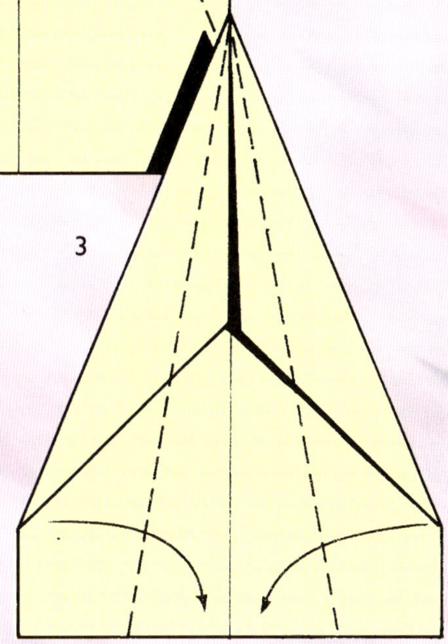

Der Flugzeugtyp, der schon Generationen nichtsahnender Lehrer vor der Tafel in den Rücken getroffen hat.

4

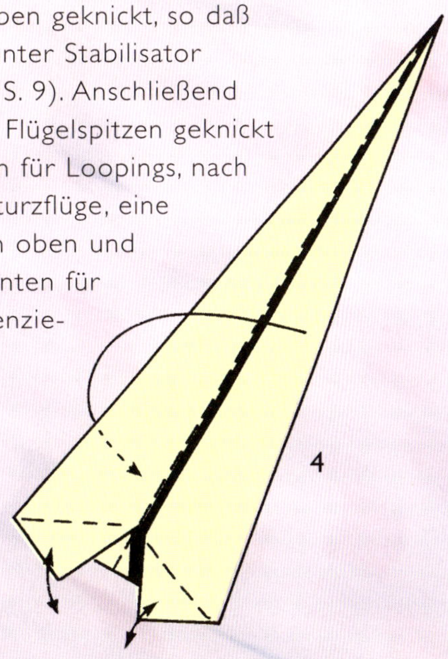

5

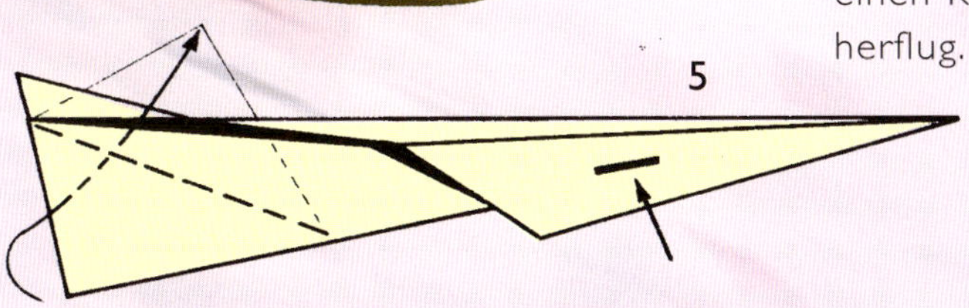

Ein schneller und pfiffiger Flieger, der stets auf unvorhersehbare Art nach einiger Zeit wieder auf dem Boden landet.

ZEBRA

Dieses Modell ist eine Kreuzung aus einer französischen Mirage und einem afrikanischen Zebra. Wir nennen sie Zebra, weil sie sich in der Luft als schneller und pfiffiger Flieger entpuppt, der stets auf überraschende Art und Weise nach einiger Zeit wieder auf dem Boden landet. Das Modell ist leicht zu falten und somit ausgezeichnet geeignet, mehrere davon anzufertigen. Man kann eine eigene Flotte bauen, den Fliegern Namen oder Nummern geben und sie „im Geschwader" fliegen lassen.

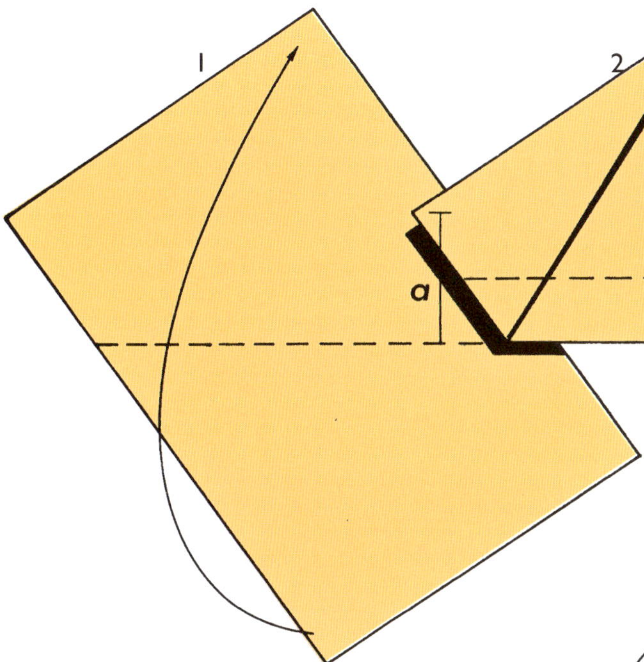

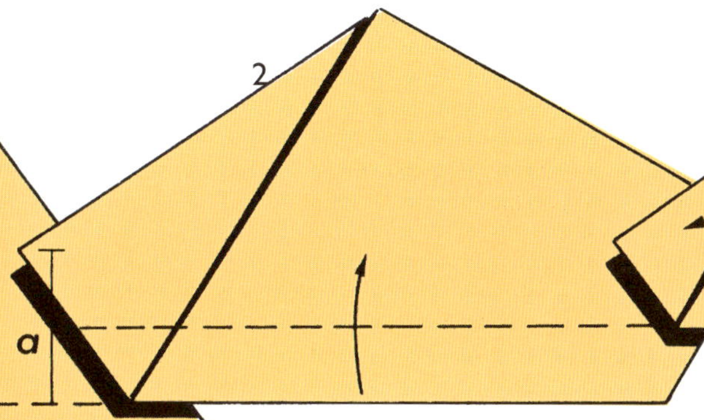

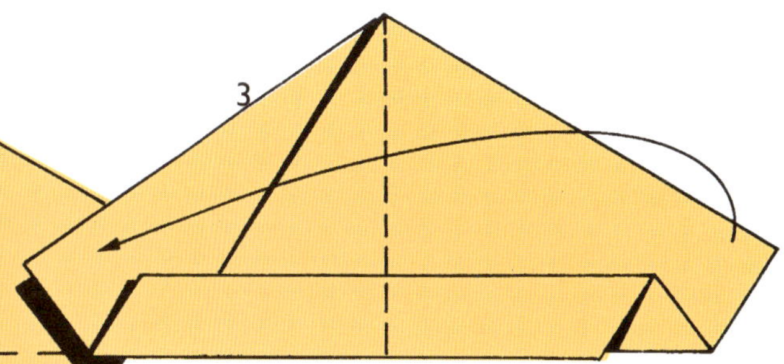

1. Die beiden einander gegenüberliegenden Ecken eines rechteckigen Stücks Papier von 20 x 30 cm werden aufeinander zu gefaltet.

2. Man faltet die Unterseite nach oben genau auf der Hälfte von „a".

3. Die entstandene Figur wird auf der gestrichelten Linie doppelt gefaltet.

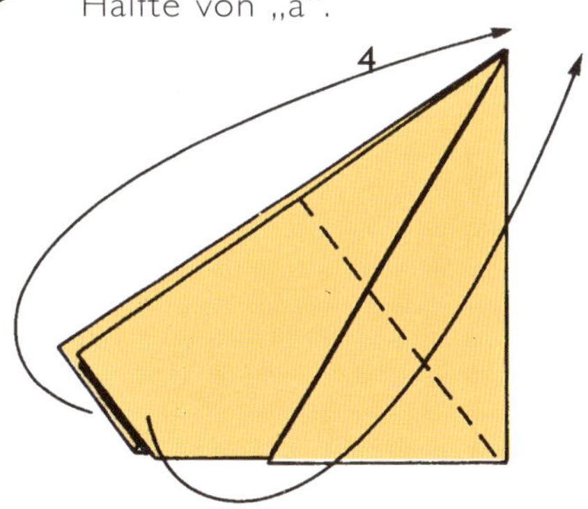

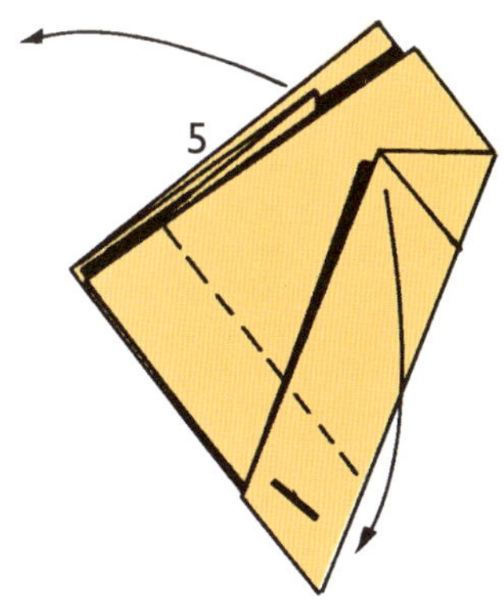

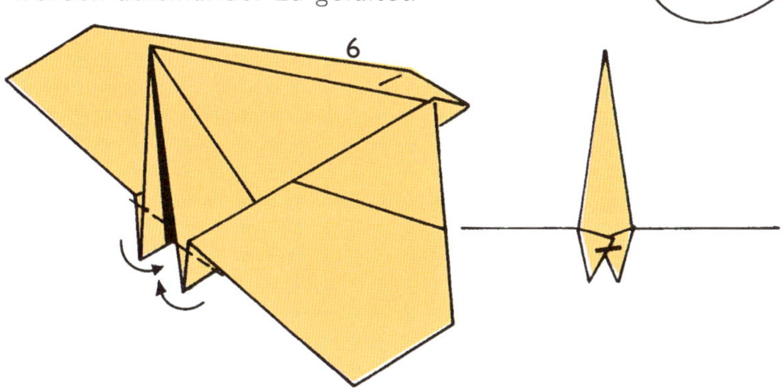

4. Die Klappen werden gemäß der Pfeile nach außen gefaltet.

5. Die Flügel werden an der gestrichelten Linie nach außen geknickt. Die Nase wird mit einer Heftklammer befestigt.

6. Die beiden Ecken unter dem Schwanz kann man nach innen falten und auch heften, so daß das Ganze wie auf der Zeichnung aussieht.

MANTA

Wenn Autofabrikanten ihr Produkt nach diesem majestätischen Fisch benennen, können wir bestimmt auch diesem Flugzeug den Namen Manta geben; vor allem weil unser Papiermodell mehr Übereinstimmungen mit dem Fisch zeigt: Dasselbe drohende Äußere, wobei hauptsächlich die Vorderseite an die des Mantas erinnert. Auch im Flug hat es dieselben Eigenschaften: stabil und von großer Ausdauer. Der Manta ist für akrobatische Kunststücke nicht unbedingt geeignet. Er ist eher ein Segler.

1

2

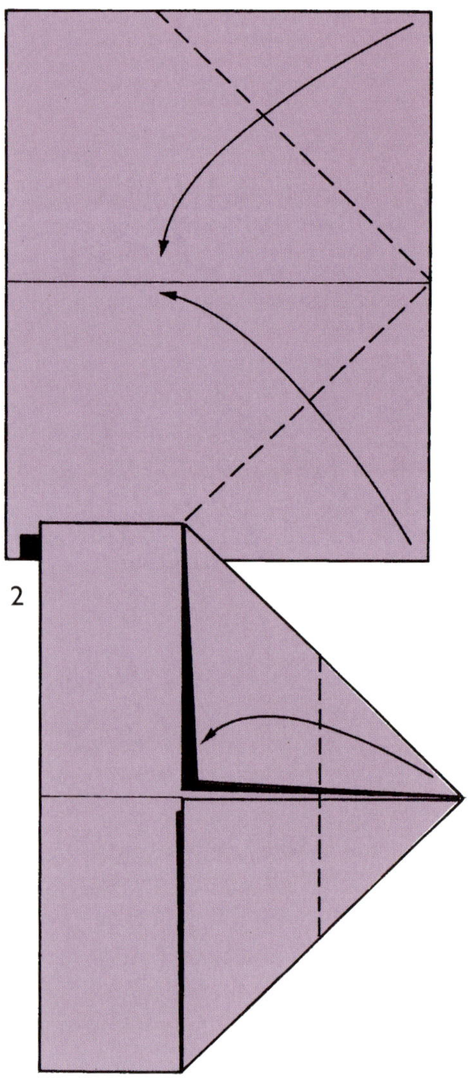

1. Man faltet ein Stück Papier von 30 x 40 cm exakt in der Breite auf die Hälfte, faltet es wieder auf und bringt die beiden Ecken bis zur Faltlinie nach innen.

2. Dann werden die Spitzen bis an die Mitte nach innen gefaltet.

Stabil und von großer Ausdauer: der Manta.

3. Jetzt werden die beiden Seitenklappen an die Mittelfalte nach innen gebracht.

4. Die ganze Figur wird an der gestrichelten Linie doppelt gefaltet.

5. Bis jetzt war alles noch ziemlich einfach. Jetzt wird es etwas schwieriger: Die Rückseite des Schwanzstückes wird nach oben gefaltet. Dann werden auf der gestrichelten Linie Knicke in beide Flügel gemacht.

3

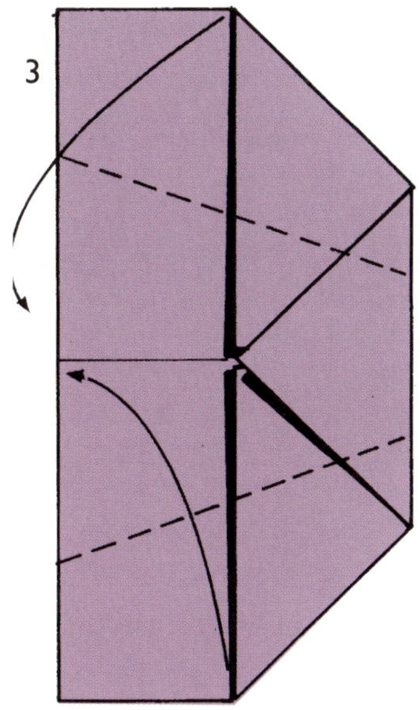

4

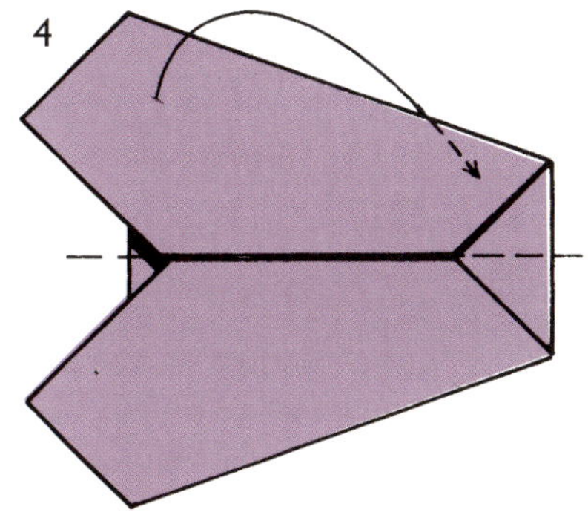

5

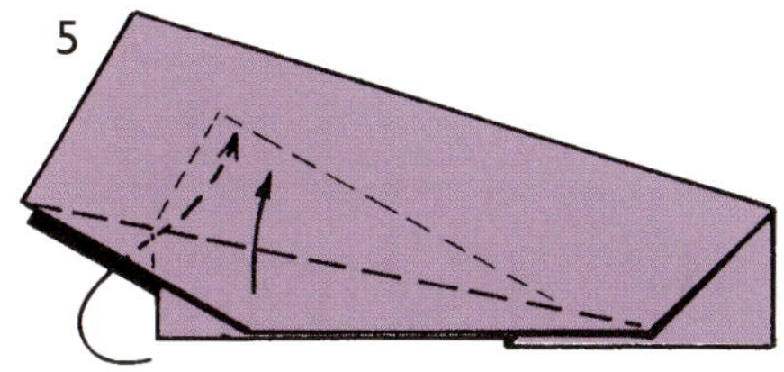

6

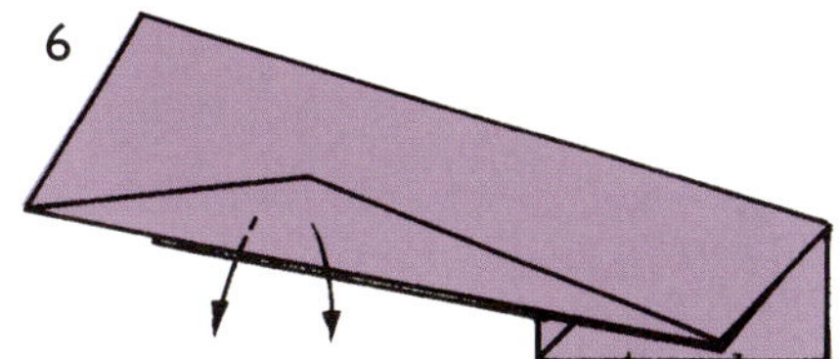

7

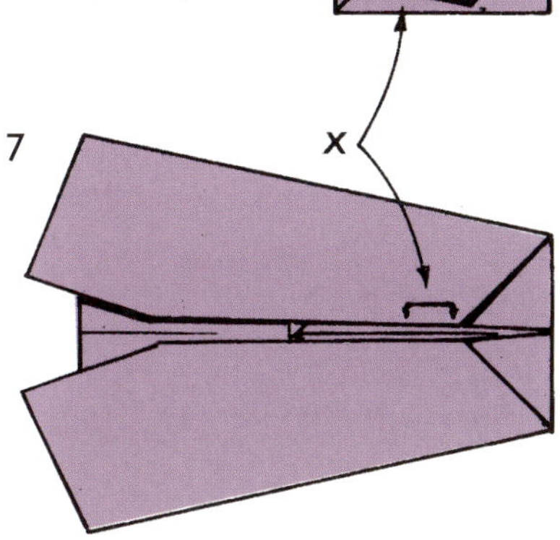

8

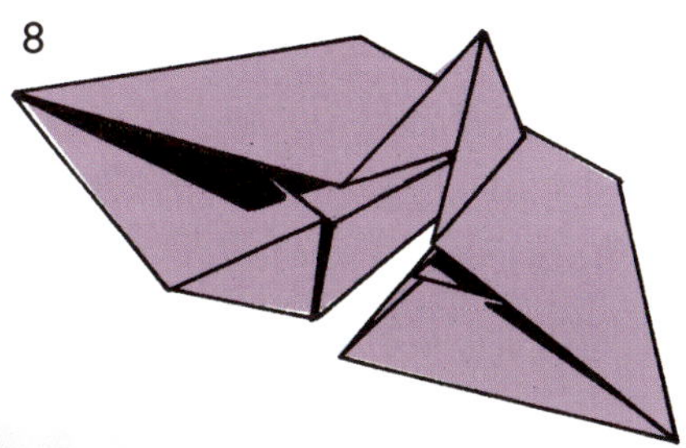

8. Zur Verdeutlichung die Hinteransicht des Mantas.

6. + 7. Man hält bei Punkt x fest und faltet das Ganze auf. Die Unterseite der Flügel wird wieder aufgefaltet und an Punkt x festgeheftet. Dies ist ziemlich kompliziert und muß sorgfältig geschehen, sonst neigt die Nase dazu, einzureißen. Die Heftklammer an der Vorderseite hält nicht nur alles auf seinem Platz, sondern sorgt durch das zusätzliche Gewicht auch für Balance.

Wright Flyer

Das erste Flugzeug der Welt, das wirklich fliegen konnte, wurde von den Gebrüdern Orville und Wilbur Wright konstruiert. Unser Modell erinnert durch seine Form daran: ein kleiner Flügel vorn und ein großer dahinter. Dies ist ein Flugzeug, das man von der Hand gleiten lassen muß, denn dann kommen die Flugeigenschaften am besten zur Geltung. Das Modell sollte immer mit den kleinen Flügeln nach vorn fliegen. Es scheint zwar ungewohnt, aber die ersten Flugzeuge wurden so gebaut, und bei der Konstruktion der Überschallflugzeuge hat man auf diese Bauart wieder zurückgegriffen. Die Ecke im Vordergrund des großen Flügels sorgt für die Wölbung, wodurch das Flugzeug besser schwebt und länger in der Luft bleibt. Wenn man das Modell verändern will, faltet man den hinteren Rand des kleinen Flügels um. Man wird schnell dahinterkommen, daß die Auswirkungen genau andersherum wie bei einem „normalen" Flugzeug sind.

1

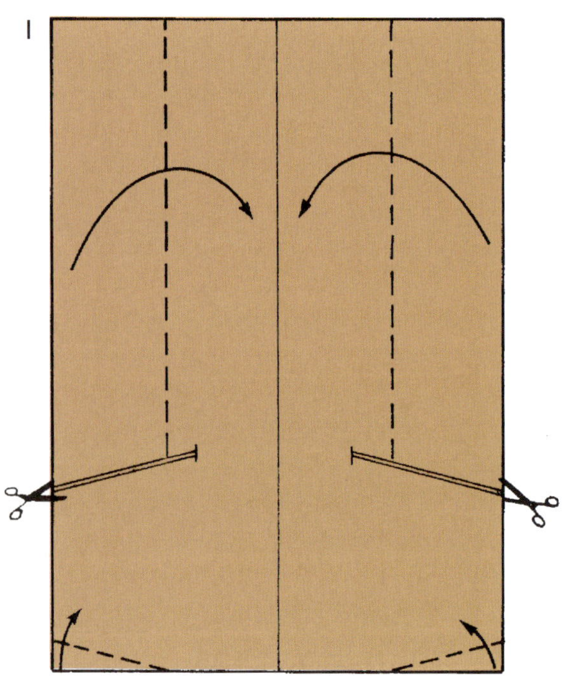

2

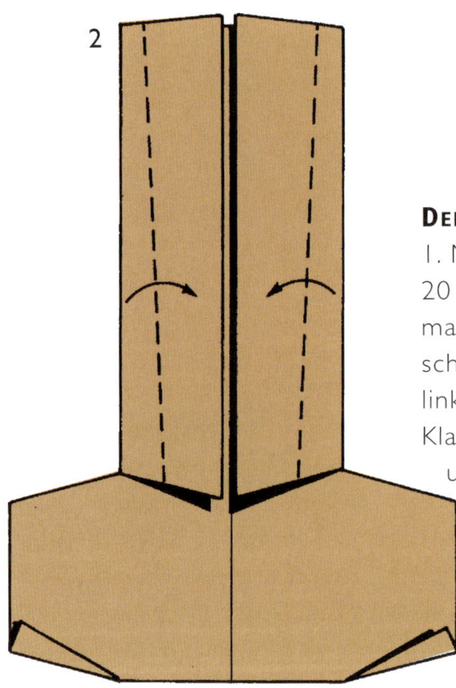

Der Rumpf

1. Man faltet ein Stück Papier von 20 x 30 cm der Länge nach und macht, wie angegeben, einen Einschnitt an beiden Seiten. Sowohl links als auch rechts knickt man die Klappen nach innen und faltet die unteren Ecken an den gestrichelten Linien ebenfalls nach innen.

2. An beiden Seiten werden die Klappen entlang der gestrichelten Linie nach innen geknickt.

Die ersten Flugzeuge wurden so gebaut. Und bei der Konstruktion der Überschallflugzeuge hat man wieder auf diese Bauart zurückgegriffen.

3

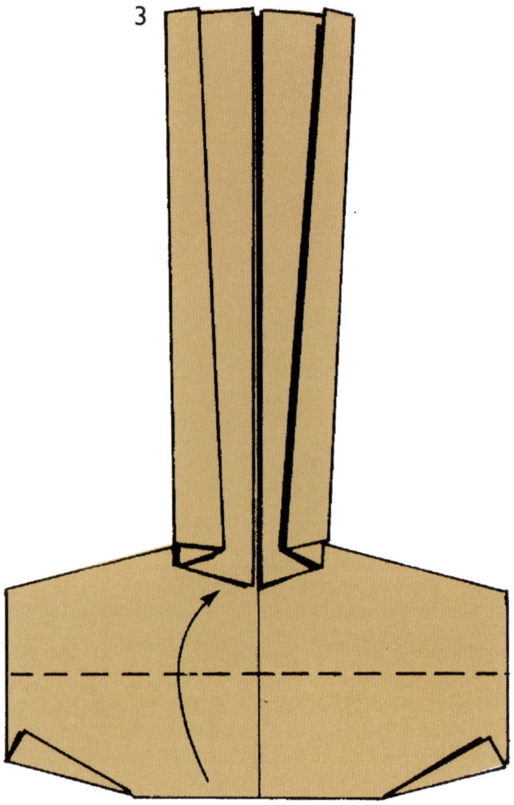

3. Die untere Seite faltet man entsprechend der Zeichnung doppelt.

4

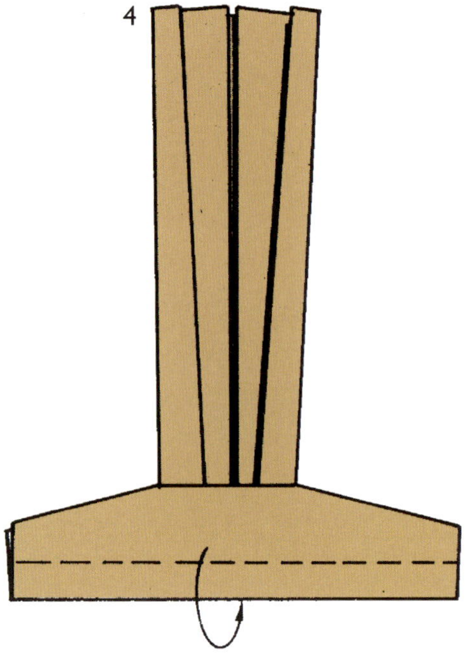

4. Man faltet die Vorderseite noch einmal, jetzt aber nach unten.

5

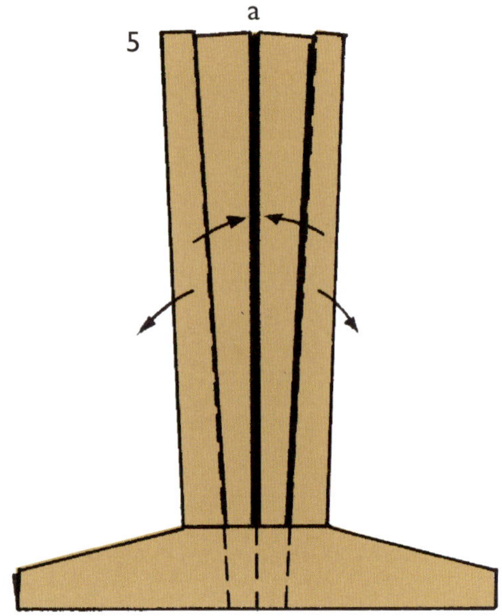

5. Die Figur wird jetzt auf der ersten Falte „a" doppelt gefaltet, und die Seiten werden nach unten gebracht, so daß Figur 6 entsteht und der Rumpf fertig ist.

6

Der Rumpf ist fertig.

1
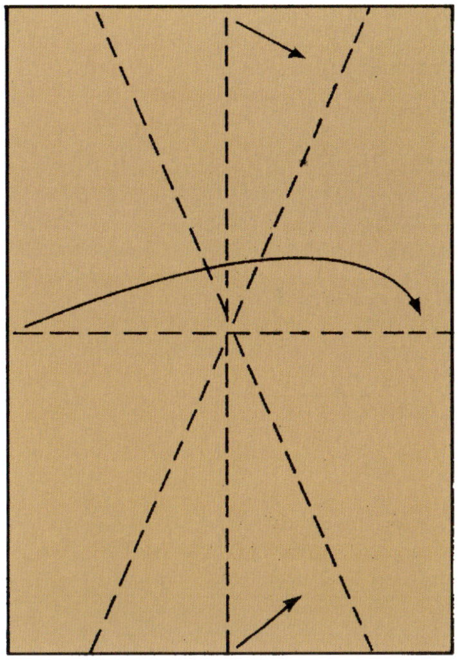

2
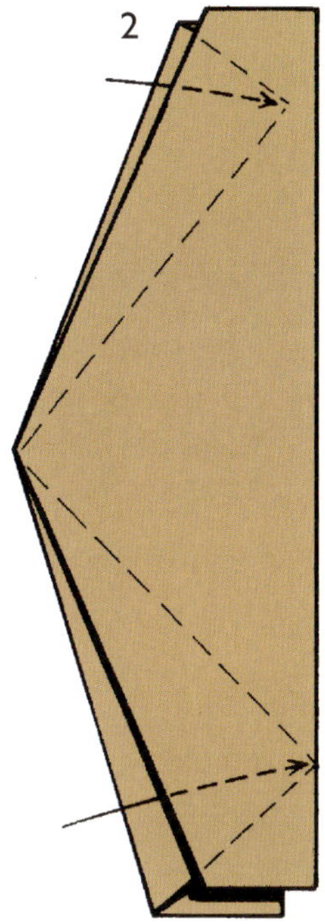

2. Jetzt wird das Papier über die Länge doppelt gefaltet, wobei man gleichzeitig die Ecken auf den Diagonalen nach innen drückt. Wenn man es richtig macht, wird die Flügelform sichtbar.

3. Man knickt den linken Rand, die Vorderseite des Flügels, leicht nach unten und macht, wie angegeben, einen Einschnitt in die Rückseite. Die vier losen Klappen werden jetzt auf der gestrichelten Linie nach innen gefaltet.

DIE FLÜGEL

1. Man faltet ein Stück Papier von 20 x 30 cm in der Mitte der Länge und der Breite nach, klappt es wieder auf und faltet über die angegebenen Diagonalen. (Es ist zu empfehlen jeweils hin und her zu falten.)

3
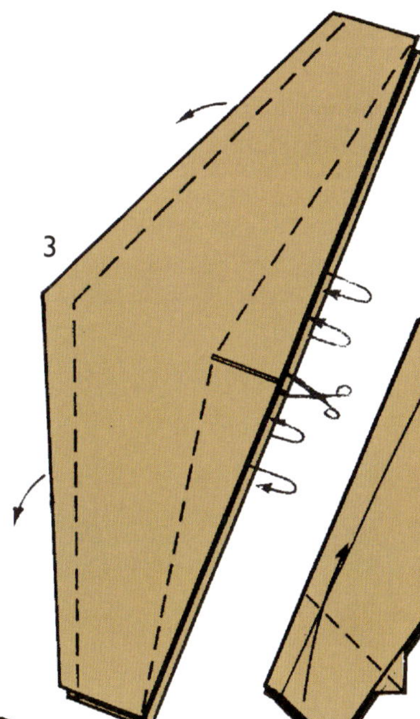

4
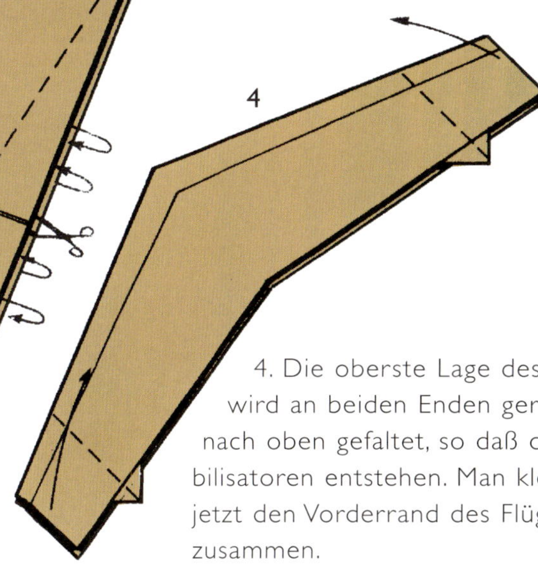

4. Die oberste Lage des Flügels wird an beiden Enden gerade nach oben gefaltet, so daß die Stabilisatoren entstehen. Man klebt jetzt den Vorderrand des Flügels zusammen.

5
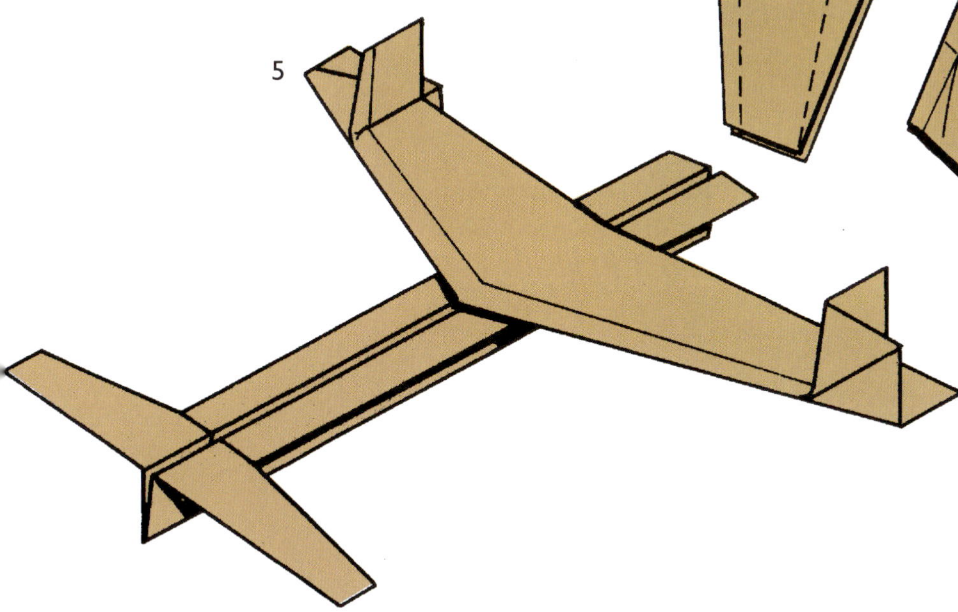

5. Jetzt werden die Teile des Wright Flyers zusammengefügt, indem man die Flügel auf den Rumpf leimt, wie in der Zeichnung angegeben. Nun kann man ihn fliegen lassen. Man wird schnell dahinterkommen, daß das Flugzeug am besten „rückwärts" fliegt.

VALENTINSLUFTPOST

Mal etwas ganz Besonderes: Valentinsgrüße per Luftpost. Die Valentinsluftpost ist ein schnell fliegendes Flugzeug, das sich – wenn es gut getrimmt ist – auch für Kunstflüge eignet. Außerdem ist dieses Modell sehr gut als Grundtyp für eigene Phantasieschöpfungen zu gebrauchen.

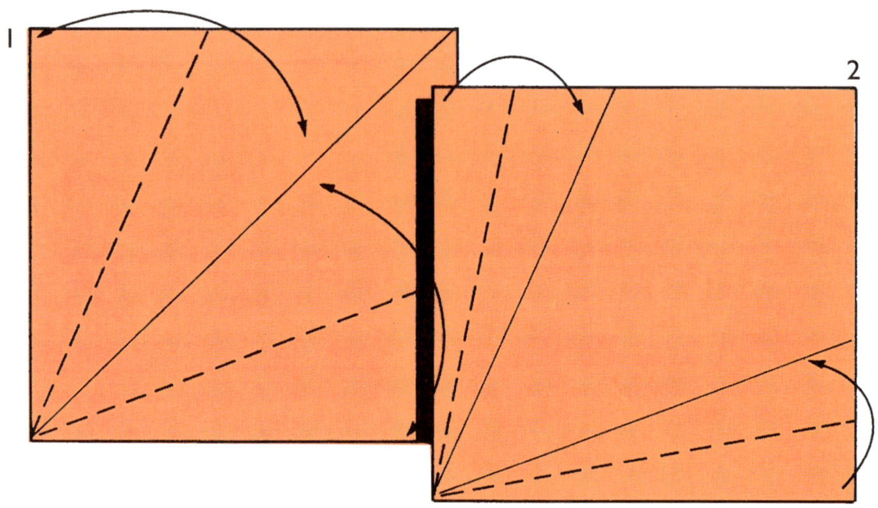

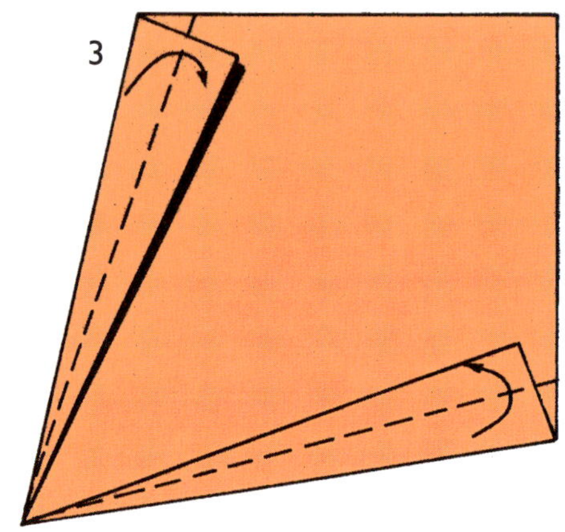

1. Man macht zwei Falten in ein Stück Papier von 30 x 30 cm und zwar so, daß sich die Spitzen auf der Diagonale des Blattes treffen.

2. Man faltet die so erhaltenen Dreiecke in zwei kleinere.

3. Der Faltvorgang von 2. wird noch einmal wiederholt.

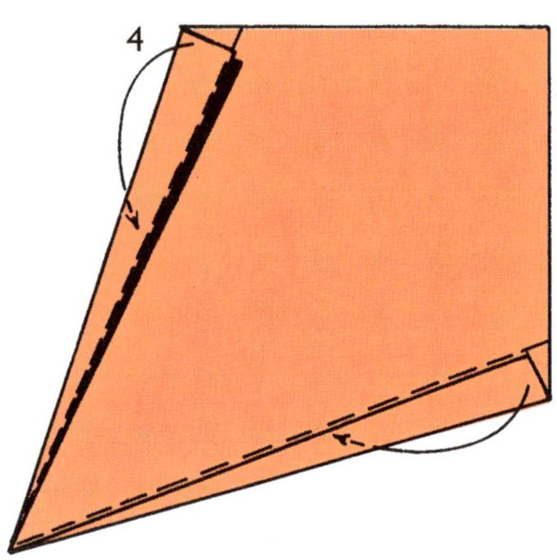

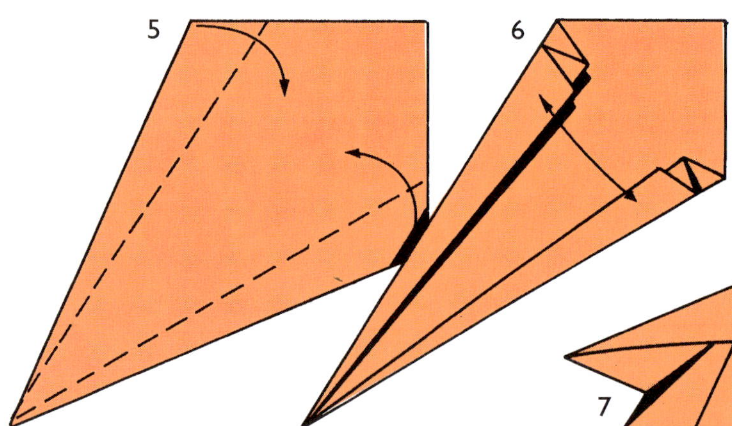

4. Die beiden Seiten werden jetzt auf der gestrichelten Linie nach unten gefaltet.

5. Nun faltet man die Seiten nach oben.

6. Jetzt hat man eine Art Harmonika und zieht das Ganze auseinander, so daß das Flugzeug Form bekommt.

7. Man befestigt die zwei innersten Klappen mit einer Heftklammer aneinander, wie es in dieser Hinteransicht verdeutlicht wird.

Jetzt kann die Luftpost fliegen. Mit dem spitzen Schwanz kann man die Flugrichtung bestimmen, das „Trimmen", wie man es in der Luftfahrtterminologie nennt.

Das ist nun das berühmt-berüchtigte Papierflugzeug, das dieser verflixte Nachbarjunge immer besser falten konnte. Genauer gesagt: Er konnte es falten, und selbst kam man nie weiter als bis zum Schwanz. Nie wollte er sein Geheimnis verraten, nicht einmal für die nicht zu verachtende Anzahl von fünfundzwanzig Fußballbildchen. Jetzt kann man sich endlich revanchieren. Besser spät als nie! Das Papierflugzeug ist das Standard-Basis-Modell. Beherrscht man erst einmal diese Faltmethode, dann werden andere Modelle auch gelingen. Die Flügel und der Schwanz bestehen aus zwei losen Elementen, die nach dem Falten ineinandergesteckt werden.

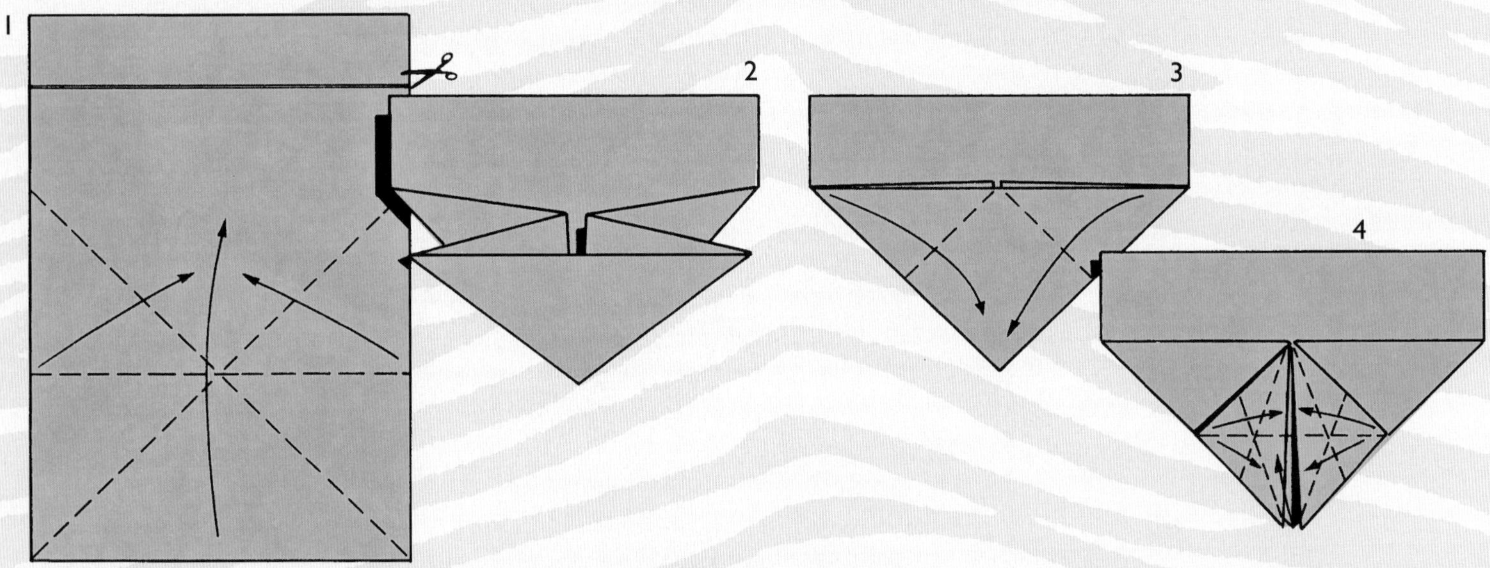

1. Von einem Stück Papier von 20 x 30 cm schneidet man erst den Rand ab, der zur Seite gelegt und später für den Schwanz gebraucht wird. Man faltet das Papier über die zwei angegebenen Diagonalen und in der Breite auf dem Kreuzpunkt der Diagonalen. Es muß jedoch noch ein Rand an der Oberkante übrigbleiben. Am besten ist es, zuerst alle diese Falten doppelt zu machen, nach beiden Seiten, was bei vielen Modellen günstig ist.

2. Die Unterkante wird nach oben, die Seiten werden nach innen gefaltet, so daß diese Figur entsteht.

3. Die beiden oberen Ecken knickt man nach unten.

4. Nun muß an allen gestrichelten Linien, die auf dieser Zeichnung angegeben sind, gefaltet werden.

5. Jetzt faltet man die Figur wieder bis zu Zeichnung 2 auf, so daß man dieses Faltmuster sehen kann.

Das Geheimnis dieses Papierflugzeugs wurde nicht einmal für fünfundzwanzig Fußballbildchen verraten.

6. Nun wird es etwas schwieriger. Man sollte sich die Zeichnung gut anschauen, bevor man mit dem Falten beginnt und beim ersten Scheitern nicht den Mut verlieren. Wenn der Nachbarjunge es damals konnte, wird es heute mit der Beschreibung auch gelingen. Man faßt die rechte Spitze an, faltet sie „auf" und drückt sie dann flach nach unten.

7. Die linke Klappe wird doppelt auf die rechte gefaltet.

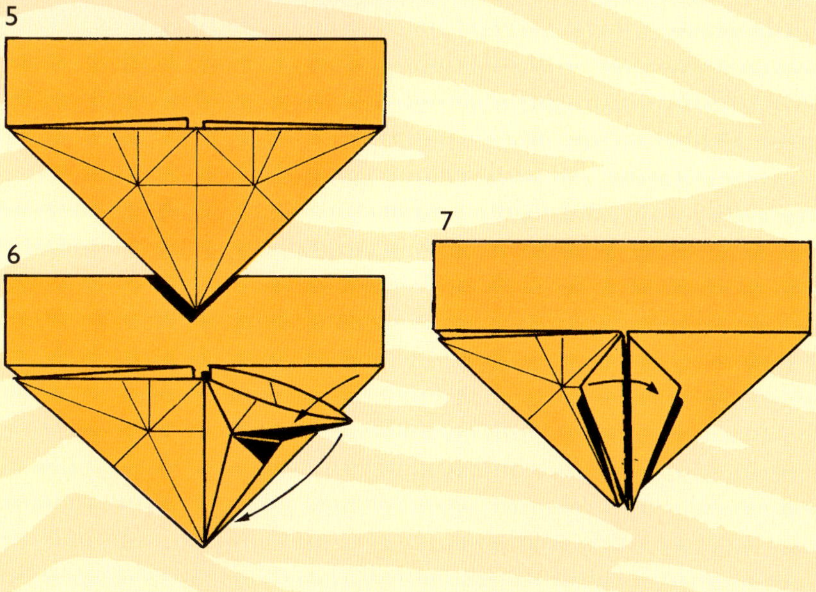

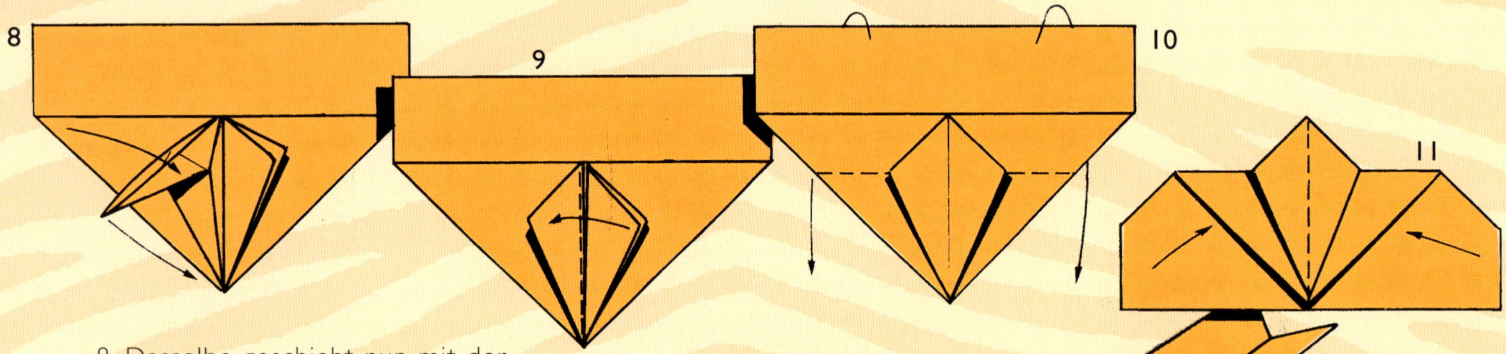

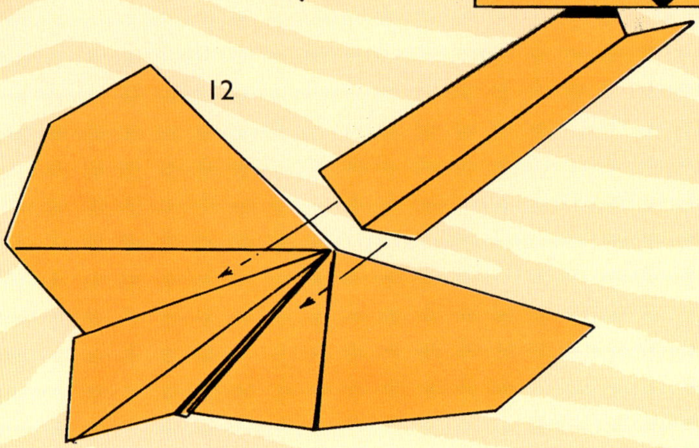

8. Dasselbe geschieht nun mit der linken Spitze.

9. Von dieser Figur faltet man die rechte Klappe wieder nach links.

10. Die Oberkante wird an der gestrichelten Linie nach hinten geknickt.

11. Man faltet die ganze Figur, wie angegeben, doppelt.

12. Nun wird der Flügel in V-Form gefaltet und schließlich der Schwanz hineingesteckt.

Das Papierflugzeug ist fertig! Einfacher als man dachte, nicht wahr? Wirklich schwierig sind die Arbeitsschritte 6 bis 9, die man einfach wissen und begreifen muß.

Zum besseren Verständnis: Auf diesem Foto können Sie die Arbeitsschritte 6 bis 9 gut erkennen.

WINGS

Eine chinesische – moderne – Weisheit sagt, daß Flugzeuge ohne Flügel nicht fliegen, wohl aber Flügel ohne Flugzeug. Flügel sorgen für die Tragfähigkeit des Rumpfes, und es ist sehr gut möglich, diesen Rumpf einfach wegzulassen. Das ist das Ausgangsprinzip von Wings, einem der prämierten Modelle des internationalen Papierfliegerwettbewerbs von „Scientific American“. Es bietet einen großen Einsatzbereich. Wings ist wahrscheinlich das am leichtesten zu faltende Modell. Dadurch, daß man die Flügelzipfel nach oben und nach unten ringelt, macht das „Flugzeug“ anmutige, kreisförmige Bewegungen wie eine Seemöwe im Sturm. Man beachte die abweichende Art des Werfens!

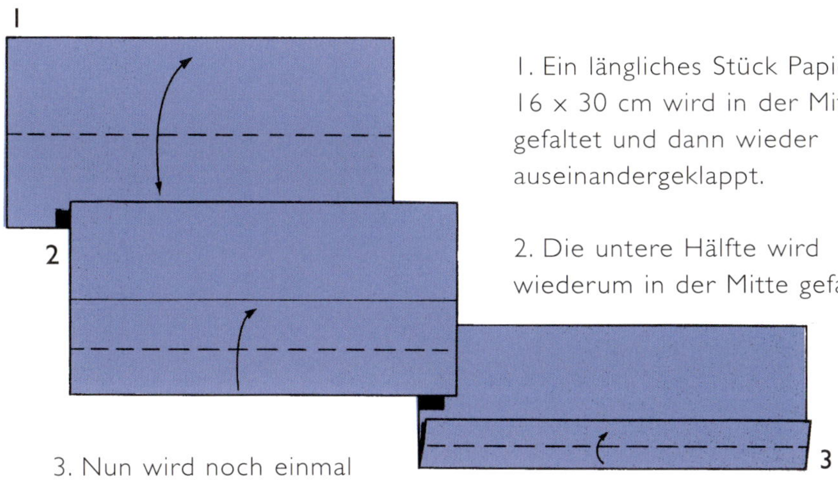

1. Ein längliches Stück Papier von 16 x 30 cm wird in der Mitte gefaltet und dann wieder auseinandergeklappt.

2. Die untere Hälfte wird wiederum in der Mitte gefaltet.

3. Nun wird noch einmal in der Mitte geknickt …

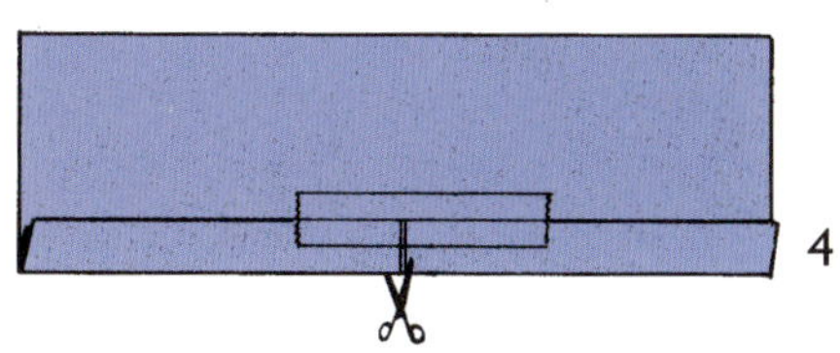

4. … und der Rand mit Tesafilm befestigt. Dann schneidet man in der Mitte ein.

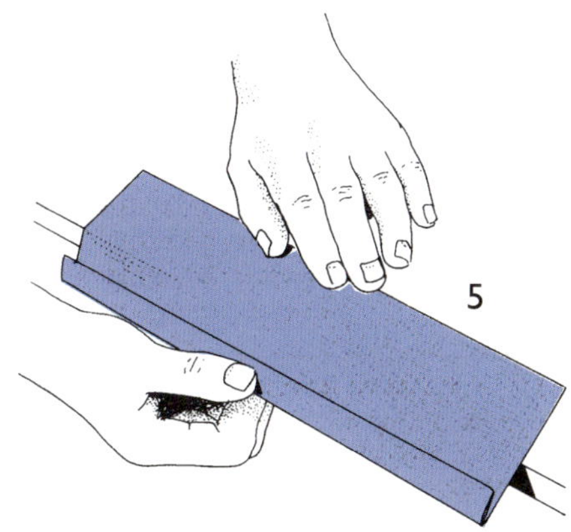

5. Die einfache Papierlage wird über einen Tischrand gezogen, so daß eine Wölbung entsteht.

Wings ist fertig für den Start und wird behutsam zwischen Zeigefinger und Daumen horizontal geworfen. Für fast alle Papierflugzeuge gilt, daß werfen nicht schleudern bedeutet! Die Geschwindigkeit ist dabei nicht so wichtig; manche Modelle funktionieren am besten, wenn man sie von der Hand gleiten läßt, andere benötigen einen leichten Stoß.

AIRMAIL

Der Schwierigkeitsgrad bei diesem Modell liegt sehr niedrig. Bereits nach wenigen einfachen Handgriffen erhalten Sie ein schönes Ergebnis. Die Airmail kann auch aus etwas dickerem Papier gemacht werden, und unter uns gesagt – aber nicht weitersagen –, gehört sie eigentlich nicht in die Abteilung Phantasieflugzeuge. Unsere Airmail entpuppt sich nämlich als ein schneller Flieger, der bei Wettbewerben hohe Punkte erzielen könnte.

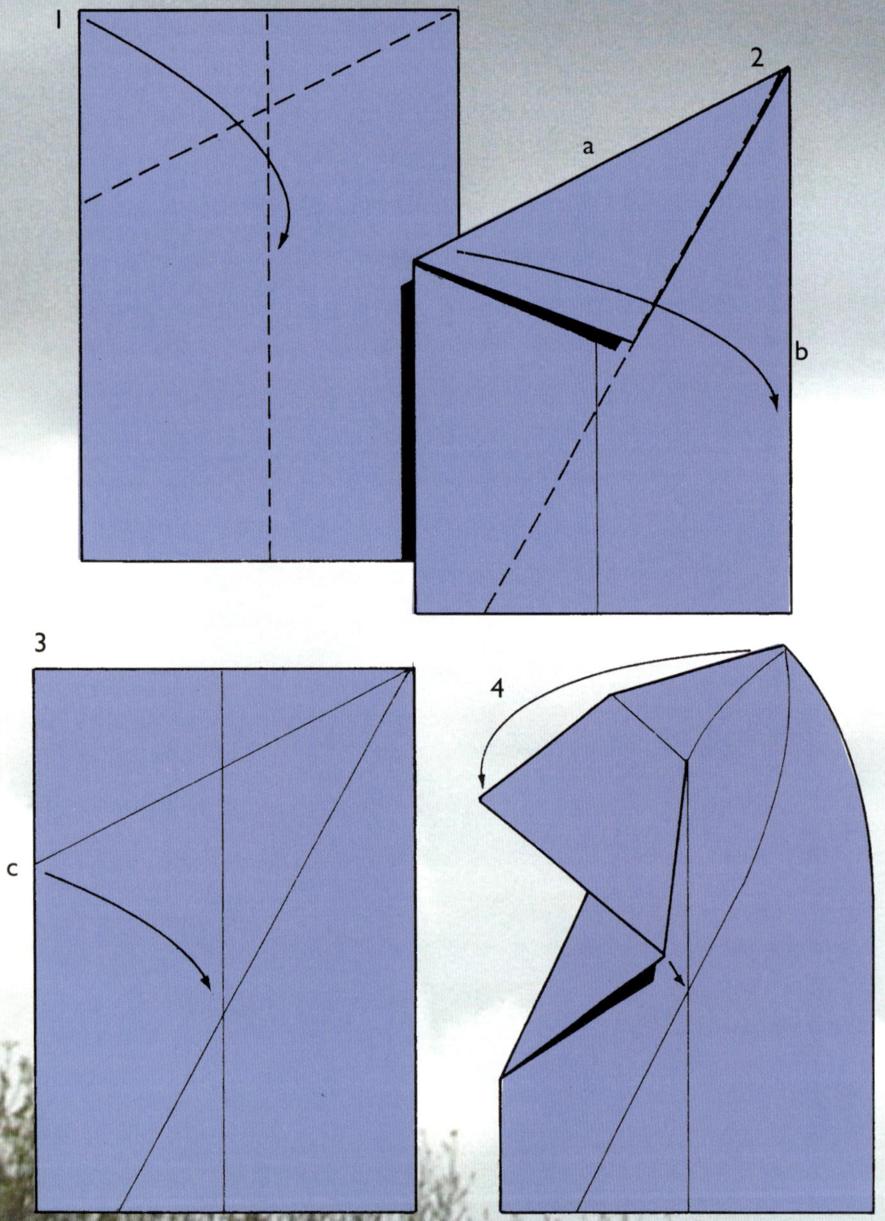

So muß die Airmail nun aussehen. Auch bei diesem Modell kann man die Flügelenden wieder umfalten, um das Flugverhalten zu beeinflussen. Die Airmail fliegt ausgezeichnet und über große Entfernungen.

1. Man faltet ein Stück Papier von 20 x 30 cm in der Mitte, klappt es wieder auf und bringt die linke obere Ecke so auf den Mittelknick des Papiers, daß die entstehende Falte in der oberen Ecke rechts herauskommt.

2. Man faltet Seite „a“ auf Seite „b“ und klappt dann das Papier wieder ganz auf.

3. + 4. Die folgenden Faltungen sind in den Zeichnungen 3 und 4 wiedergegeben. Es sieht kompliziert aus, aber so schwer ist es auch wieder nicht. Man nimmt das Papier bei Punkt „c“ und bringt es zum Kreuzpunkt der bereits vorhandenen Falten, wobei man gleichzeitig die obere rechte Ecke zur linken oberen Ecke bringt, so daß sie beide gleich liegen (s. auch Figur 5).

5. Diese Figur muß dann herauskommen. Die rechte Spitze wird an der gestrichelten Linie wieder zurückgeklappt und Punkt „d“ nach vorn. Man drückt das Ganze nun flach.

6. Jetzt wird die obere Spitze an der gestrichelten Linie nach unten geknickt und danach die ganze Figur doppelt der Länge nach gefaltet.

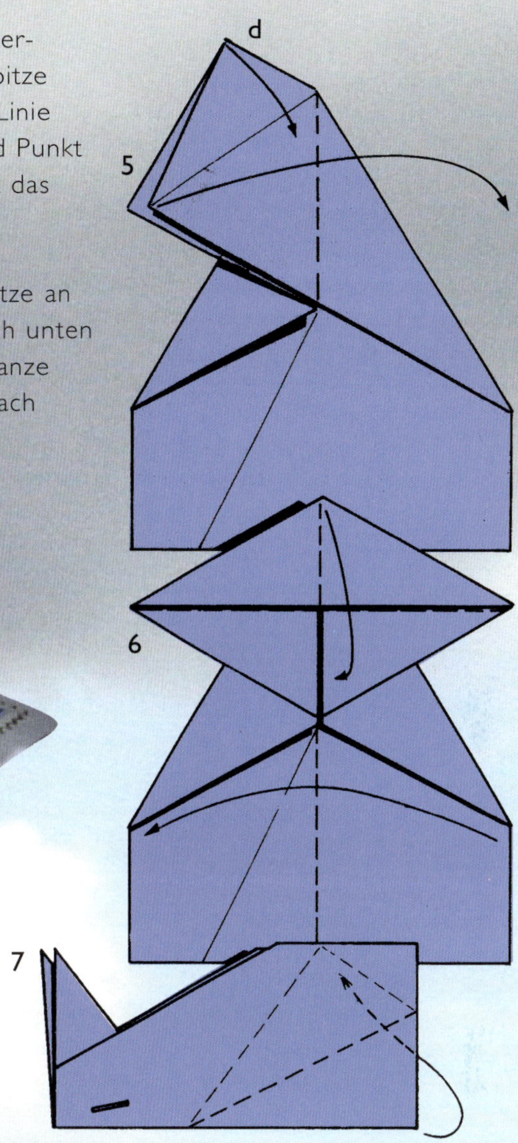

7. Der Schwanz entsteht durch eine entgegengesetzte Falte nach innen entlang der angegebenen gestrichelten Linien. Der Schwanz darf nicht zu groß sein bzw. die entgegengesetzte Falte zu hoch angesetzt, weil man dann nicht genug Fläche für die Flügel übrig hat. Man heftet dann die Nase zusammen.

8. Die Flügel werden an der gestrichelten Linie auseinandergeklappt.

8

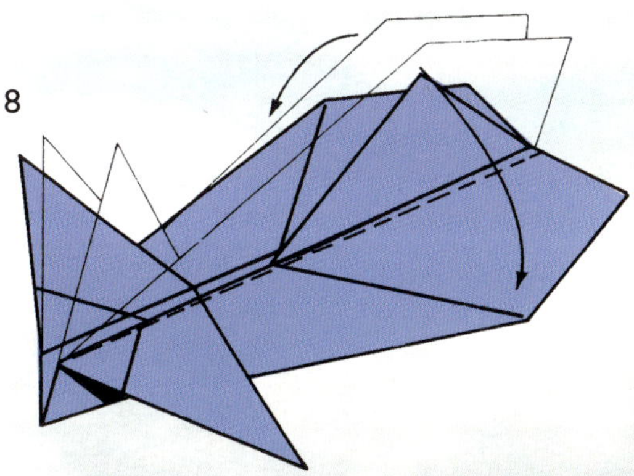

McDONNELL

Die McDonnell wurde von dem Flugzeugingenieur R. Otte entworfen, der bei der amerikanischen Firma McDonnell Aircraft Corporation arbeitete. Der originelle Beitrag zum Papierfliegerwettbewerb von „Scientific American“ wurde aus dem Briefpapier der Firma McDonnell hergestellt. Es ist überdeutlich, daß dieses Papierflugzeug von jemand entworfen wurde, der die Luftfahrt zu seinem Fach gewählt hat und scheinbar häufig Windkanaltests durchgeführt hat. Die McDonnell ist nämlich nicht nur in ihrer Form anmutig, sondern sie fliegt auch sehr gut und besonders lange. Leichtes Papier und ein windstiller Tag eignen sich für dieses Modell am besten.

Die McDonnell, ein Entwurf von Flugzeugingenieur R. Otte, Mitarbeiter der amerikanischen Firma McDonnell Aircraft Corporation.

1. + 2. Man faltet entlang allen angegebenen gestrichelten Linien, knickt die Unterseite nach oben und die beiden Seitenkanten nach innen, so daß Figur 2 entsteht.

3. Die beiden oberen Spitzen werden nach unten geklappt.

4. Man knickt entlang den gestrichelten Linien wie angegeben.

5. Die Spitzen „a" werden in die offenliegende Seite der darunterliegenden Dreiecke gesteckt.

6. Das Modell wird umgedreht. Man faltet die Seitenkanten an den gestrichelten Linien entlang nach innen.

7. Danach kann man noch die Spitzen dieser Klappen entsprechend den angegebenen gestrichelten Linien wieder nach außen falten. Doch auch ohne diese fliegt die McDonnell sehr gut. Schließlich muß noch eine halbe Falte in die Mitte der Nase gemacht werden und fertig ist die McDonnell.
PS: Wenn man die Spitzen „a" etwas weiter in die Seitenkanten der Dreiecke drückt, entsteht eine Wölbung in den Flügeln wie bei einem „Hang-Glider". Dies verbessert das Flugverhalten.

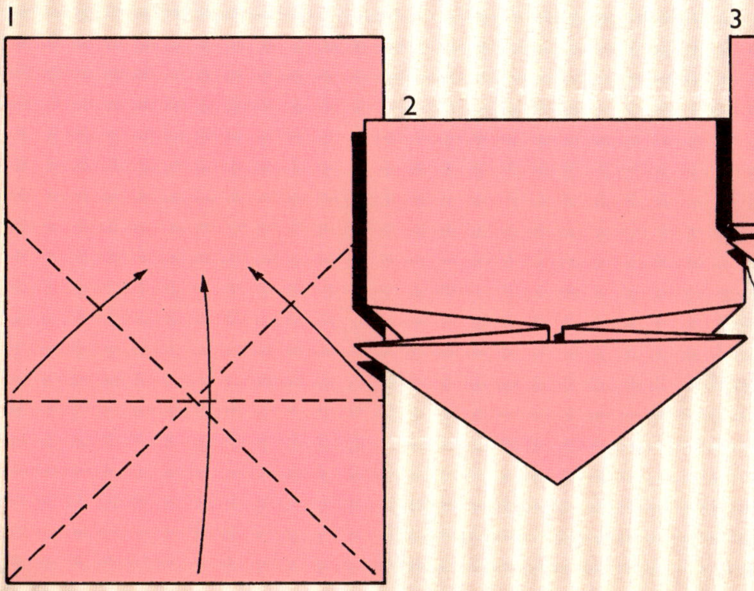

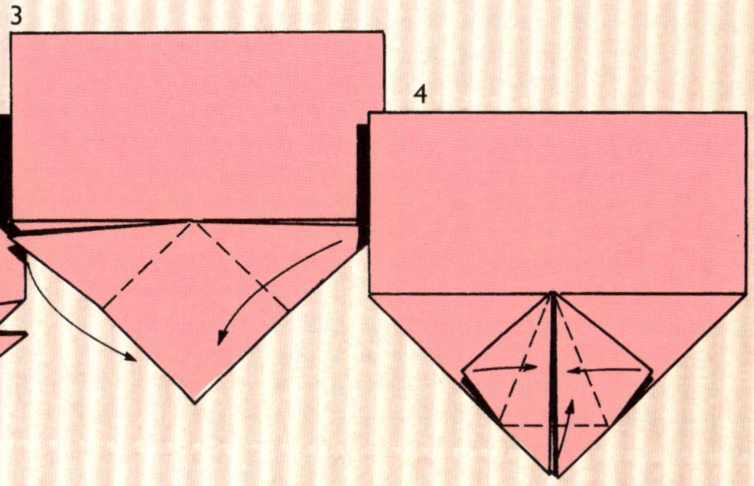

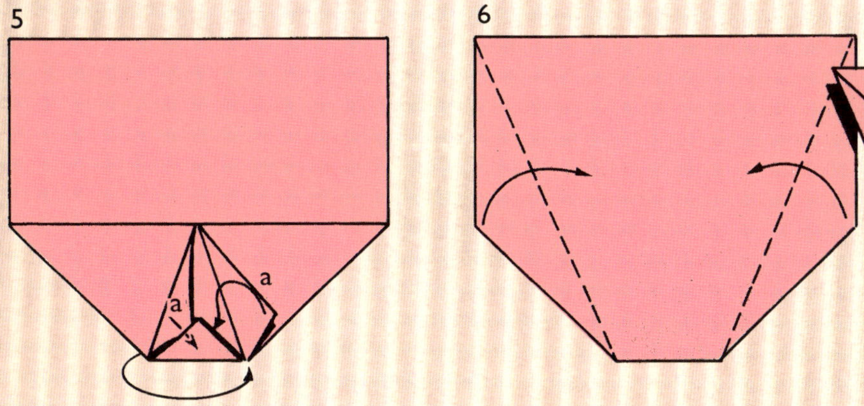

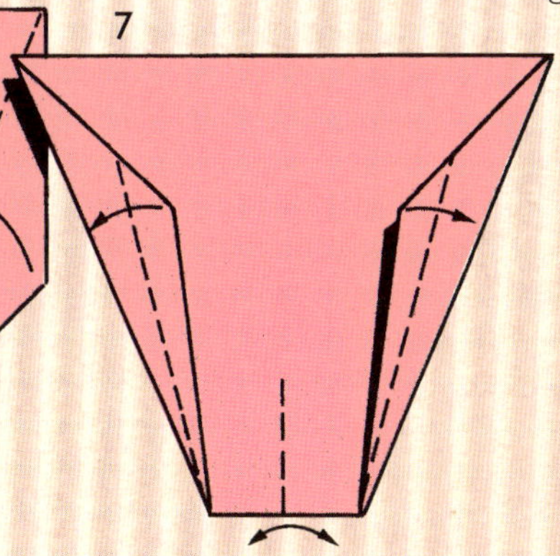

Die Unterseite der Nase der McDonnell.

SX-101 (PF), das klingt ziemlich interessant, aber so gehört es sich auch ein bißchen bei Flugzeugen. In der Raumfahrt treibt man es noch bunter, X-102, LVV-1034 usw. Diese Buchstaben- und Zahlenkombinationen bilden die nicht unbedingt prosaischen Namen der Raumfahrzeuge. Auch in diesem Fall können wir es nicht umgehen und hier paßt es sogar. Die SX-101 (PF) erinnert nämlich an eine Rakete. Es ist das erste Modell aus der SX-100-Serie und die Buchstaben PF bedeuten Papierflugzeug. Was SX bedeuten mag, darf man sich selbst ausdenken. Variationen zu diesem Modell kann man SX-102, -103 usw. nennen. Diese Serie stellt der Phantasie nichts in den Weg.

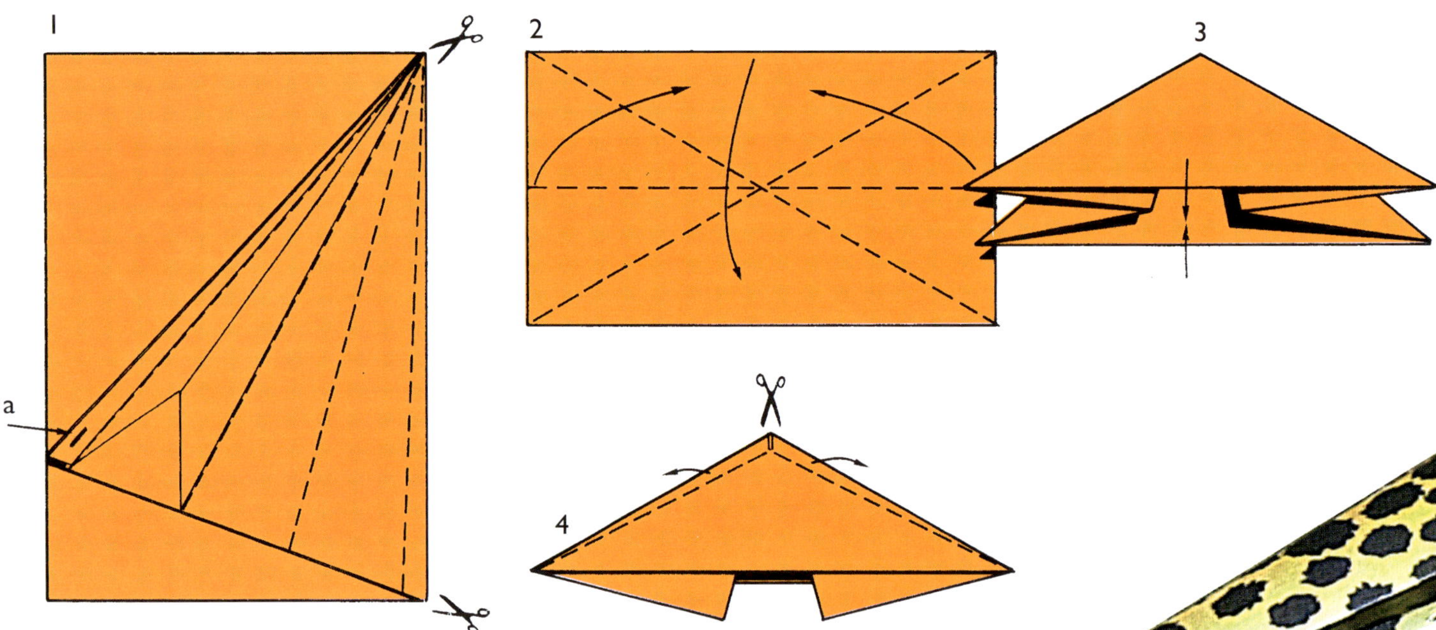

1. Man faltet ein Stück Papier von 20 x 30 cm wie in der Zeichnung angegeben und heftet oder klebt es bei „a" zusammen. Dann schneidet man das restliche Stück Papier entlang der gestrichelten Linie ab, und – der Rumpf ist fertig.

2. Für die Flügel braucht man ein Stück Papier von 15 x 25 cm. Man faltet es über die Diagonalen und in der Mitte auf dem Kreuzpunkt der Diagonalen.

3. Danach faltet man das Papier doppelt wie in der Zeichnung.

4. Die Spitze wird eingeschnitten und die beiden Vorderkanten, wie angegeben, leicht umgeknickt. Man klebt die Vorderkanten über die Länge aufeinander und danach das Ganze hinten auf den Rumpf.

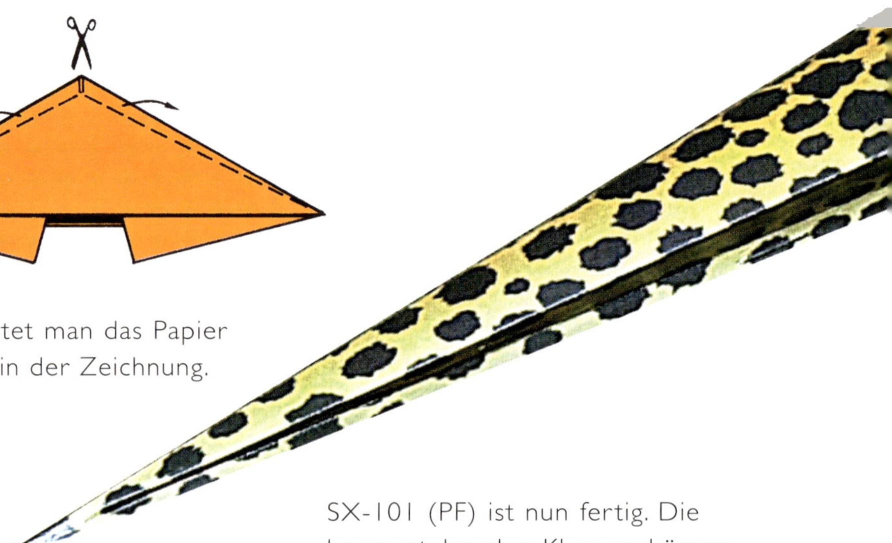

SX-101 (PF) ist nun fertig. Die herausstehenden Klappen können ausgezeichnet als Höhenruder dienen. Das ist eines der wenigen Flugzeuge, die man wegschleudern darf. Es ist eine Rakete, die ja auch in der Wirklichkeit eine ziemliche Anfangsgeschwindigkeit benötigt.

Die SX-101 (PF): eine wahre Rakete.

Das letzte Modell des Kapitels Phantasieflugzeuge ist von prähistorischer Herkunft. Es heißt Pterodactylus wegen der Ähnlichkeit mit dem gefräßigen fliegenden Reptil aus der Urzeit. Diese Tiere waren nicht für Kleinigkeiten zu haben: Sie griffen alles an, was groß und schwer war. Die papierne Ausführung ist friedlicher. Sie ist eher ein schnelles Projektil als ein Flugzeug und hat außerdem den Vorteil, daß sie nicht allzu kompliziert zu falten ist. Der Pterodactylus wird am besten aus sehr leichtem Papier hergestellt, da die Nase ziemlich viel Gewicht bekommt.

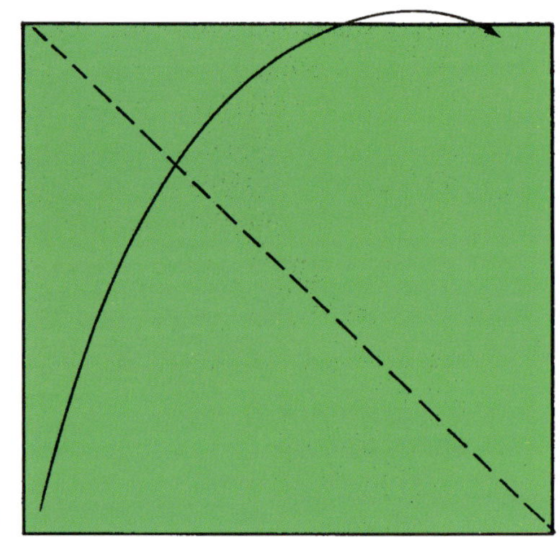

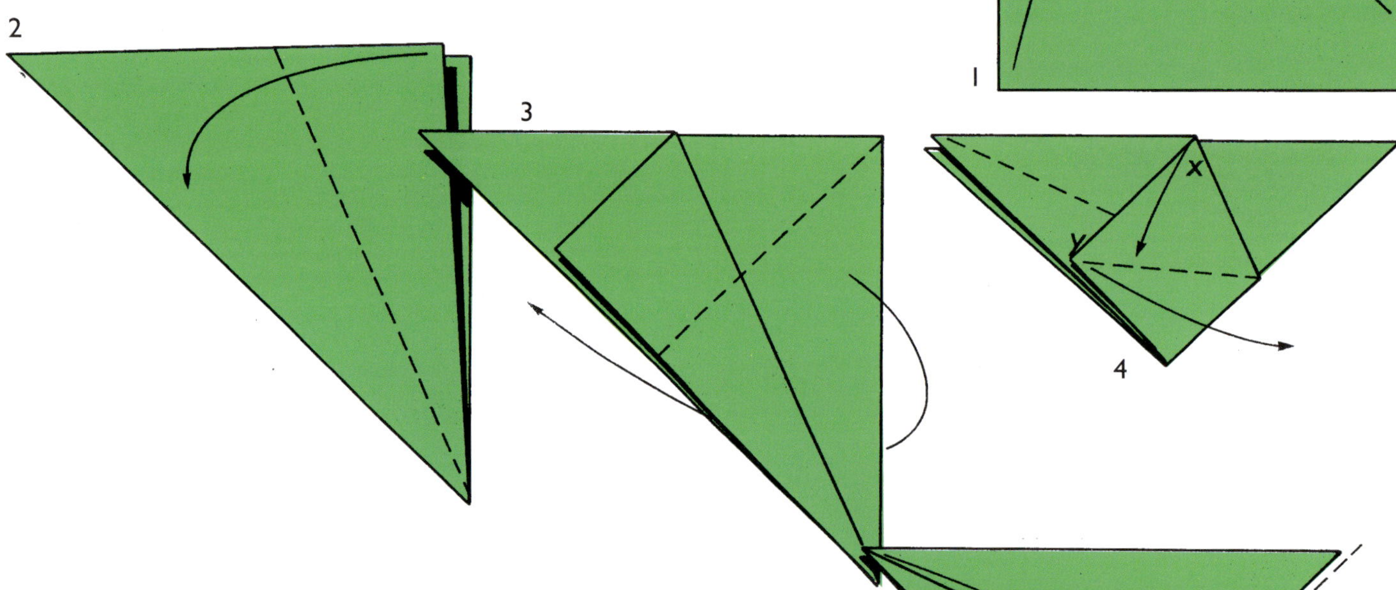

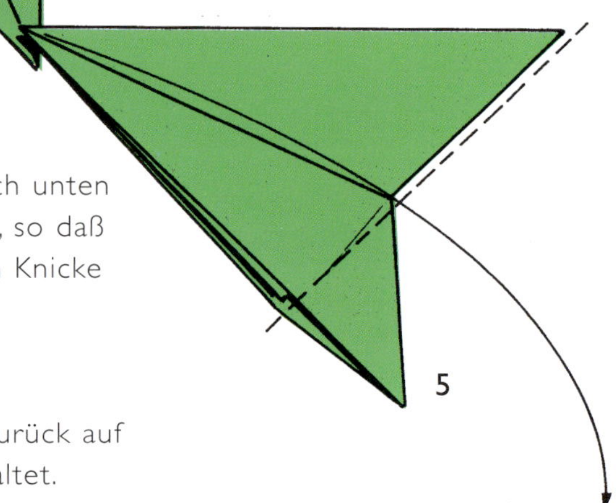

1. Man faltet ein quadratisches Stück Papier doppelt diagonal.

2. Dann knickt man eine Spitze so zurück, daß der rechte Rand exakt auf dem linken Rand anschließt.

3. Anschließend wird die Figur doppelt gefaltet.

4. Man zieht Spitze „x" nach unten und Spitze „y" nach rechts, so daß an den gestrichelten Linien Knicke entstehen und die Figur in Zeichnung 5 sichtbar wird.

5. Die obere Hälfte wird zurück auf der gestrichelten Linie gefaltet.

Für das letzte Modell aus der Serie der Phantasieflugzeuge stand ein Urzeittier Pate.

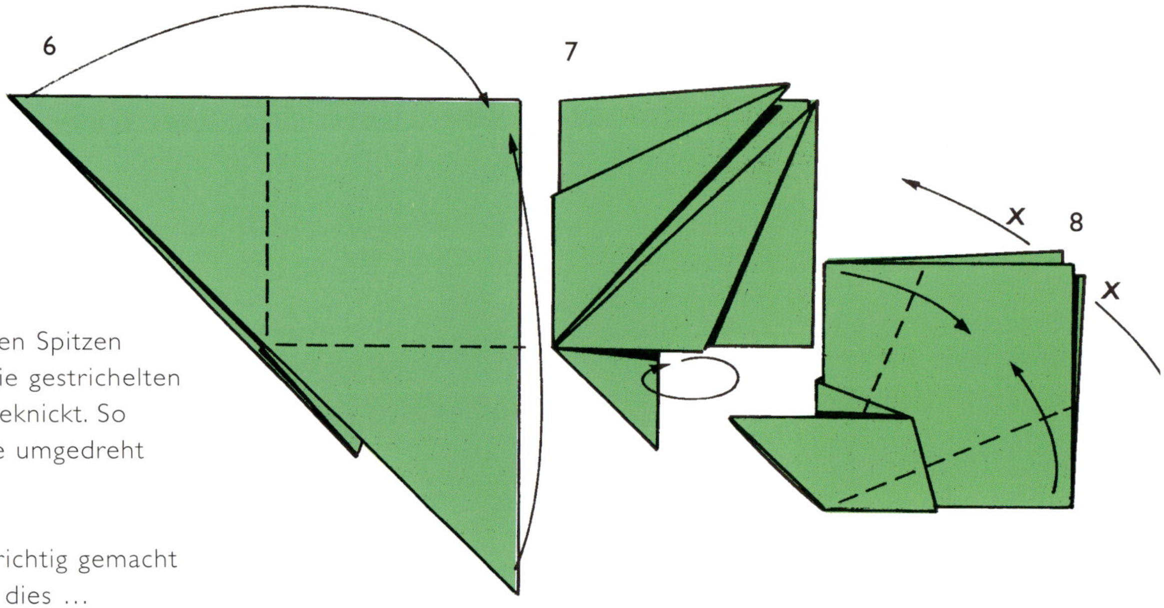

6. Beide angegebenen Spitzen werden nun über die gestrichelten Linien nach innen geknickt. So entsteht Figur 7, die umgedreht wird.

7. Wenn man alles richtig gemacht hat, sieht man jetzt dies …

8. Man faltet nun die Seitenkanten auf den gestrichelten Linien nach innen und gleichzeitig die darunterliegenden Spitzen „x" nach außen.

Nach Arbeitsschritt 7 wird der Pterodactylus umgedreht und auseinandergefaltet. Dann drückt man die Nase flach wie in den Abbildungen 9 und 10 dargestellt.

So sieht der Pterodactylus zwischen den Arbeitsschritten 11 und 12 von unten aus.

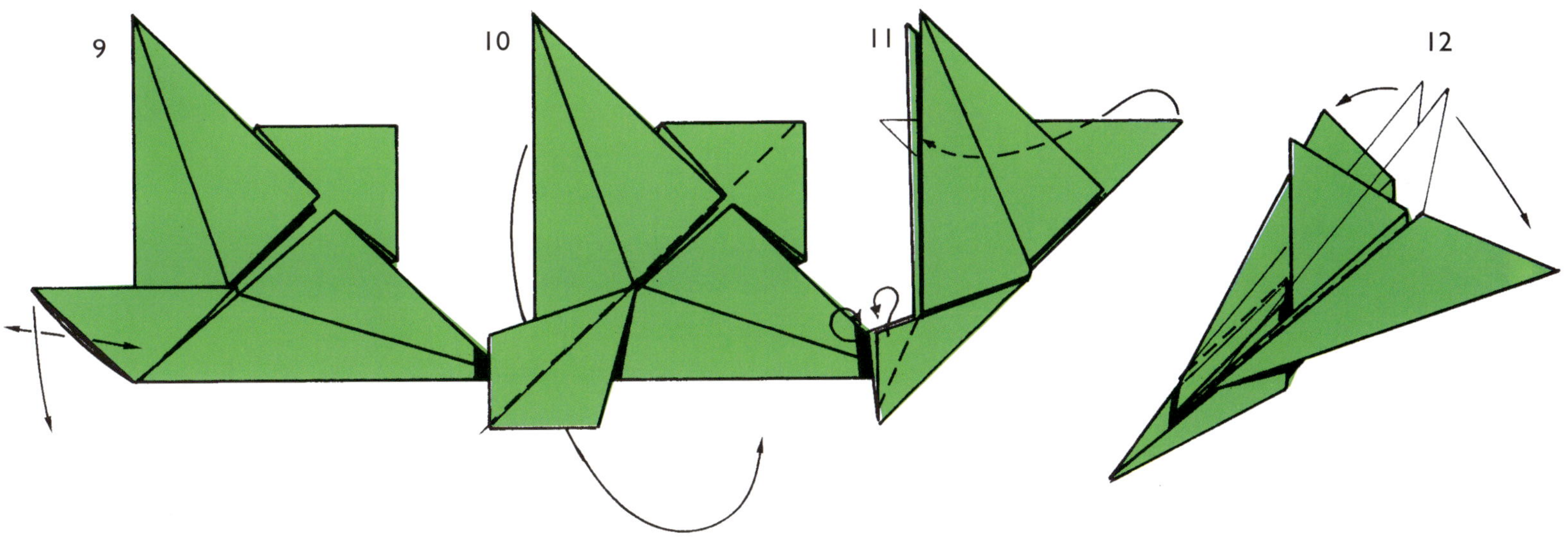

9. Das hochstehende Dreieck wird aufgezogen und flach gedrückt (s. Pfeile).

10. Jetzt wird das Ganze nach unten doppelt gefaltet.

11. Die beiden vordersten Spitzen werden entsprechend den Pfeilen nach innen gefaltet. Dann bringt man den Schwanz mit Hilfe einer „entgegengesetzten" Falte auch nach innen.

12. Jetzt müssen nur noch die Flügel entlang den gestrichelten Linien nach außen gefaltet werden und der Pterodactylus wird nach Millionen von Jahren wiedergeboren.

FLUGZEUGE NACH ORIGINALMODELLEN

Seit die Gebrüder Wright als erste Menschen flogen, wurden ziemlich viele Flugzeuge hergestellt, die alles taten, nur nicht das, wofür sie gemacht wurden. Wenn sie vom Boden abhoben – in vielen Fällen glückte nicht einmal das –, stürzten sie meist ziemlich abrupt und unsanft wieder in den Schoß Mutter Erde, und viele gut gemeinte Schöpfungen fielen bereits in Fragmente auseinander, bevor sie auch nur einen kleinen Sprung in der Luft machen konnten, den zukünftigen Flieger verdutzt und um eine Illusion ärmer geworden zurücklassend.
Es waren die Kinderkrankheiten eines neuen technologischen Zeitalters, woran uns Stummfilme noch erinnern. Während des 1. Weltkrieges bewies das Flugzeug seinen umstrittenen Nutzen. Seit dieser Zeit fliegen die meisten Flugzeuge. Obwohl man sich fragen kann, wie so ein Jumbojet in der Luft hängenbleiben kann und die Starfighter vor einigen Jahren wie tanzende Herbstblätter herunterfielen.
Das wollen wir den letzten Kinderkrankheiten zuschreiben. Der Mensch jedenfalls beherrscht auf seine Art und Weise den Luftraum. Doch hat sich vieles geändert. Als Charles Lindbergh mit seiner „Spirit of St. Louis" den atlantischen Ozean als erster überflog, wartete eine tausendköpfige Menge auf ihn, und Paris wurde zum Ausgangspunkt der Massenhysterie. Heutzutage finden wir es ganz normal, in eine Düsenmaschine zu steigen und die gleiche Entfernung mit Überschallgeschwindigkeit zurückzulegen.

Fliegen ist fast genauso normal geworden wie eine Reise mit der Bahn. Trotzdem sollte man ehrlich sein: Fast jeder würde gern einmal in so einem schnellen Düsenjäger sitzen oder in seinen Träumen der Pilot eines solchen

Die russische Tupolev „Bear".

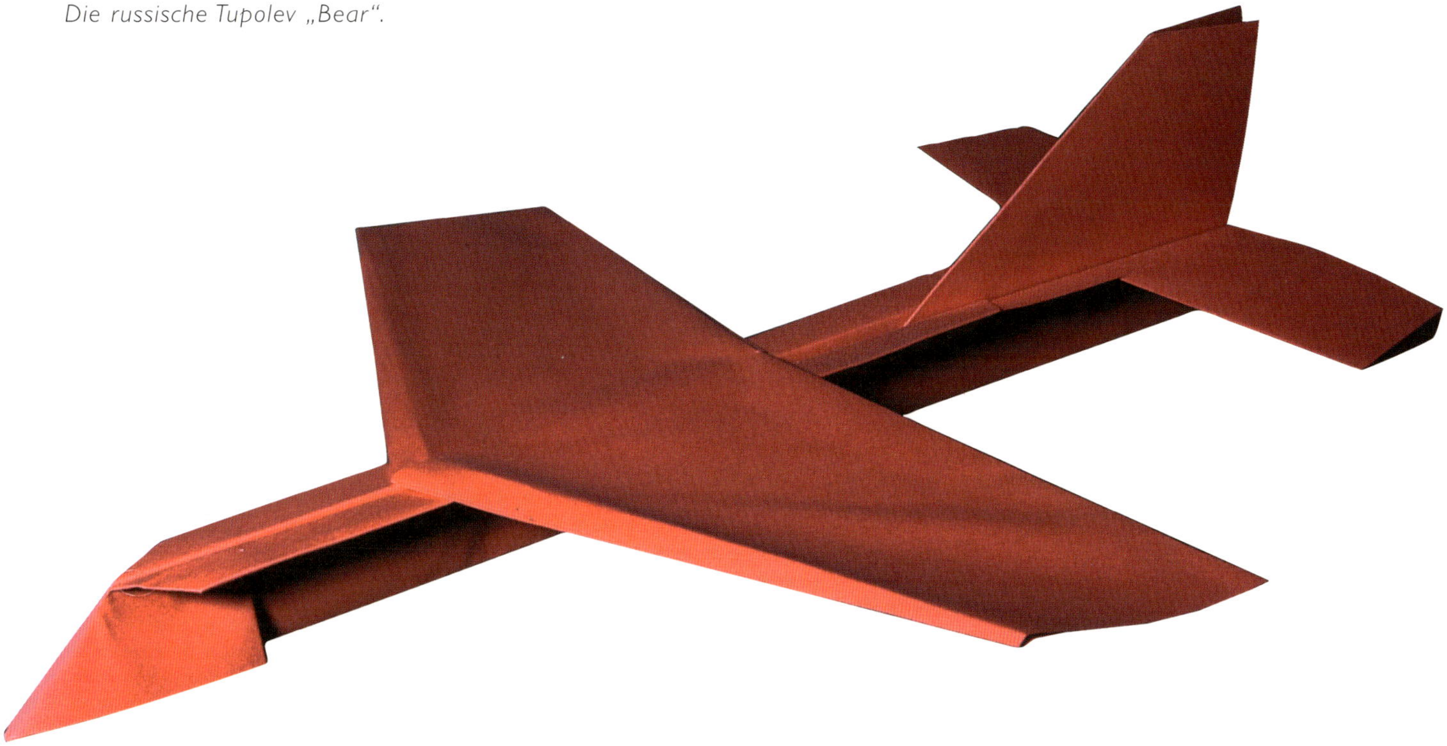

„Fighter Ace" aus früheren Jahren sein. Dieses Kapitel kommt gewissermaßen diesem Wunsch entgegen: Das Papier versucht, die Wirklichkeit zu imitieren. Es werden hier fünf Modelle mit dem unverkennbaren Charakter diverser berühmt oder berüchtigt gewordener Flugzeuge präsentiert. Die französische Mirage, die englische Tiger Moth, die schwedische Saab 37 Viggen, die russische Tupolev „Bear" und die amerikanische F-16. Eine internationale Gesellschaft von Rang. Bei der F-16 ist eine kleine Randbemerkung nötig: Luftfahrtbegeisterte werden rasch entdecken, daß die Stabilisatoren der papiernen F-16 von ihrem Vorbild abweichen, was jedoch dem allgemeinen Eindruck nicht schadet.

Man darf auch keine kleinen Details erwarten, wie z. B. ein einfahrbares Fahrgestell oder bewegliche Propeller. Die Falttechnik ist manchmal kompliziert genug und es wird sicher auch vorkommen, daß ein Modell nur ganz kurz fliegt: vom Tisch zum Papierkorb. Aber Papier ist geduldig und derjenige, der über Ausdauer verfügt, gewinnt.

MIRAGE

Die Mirage der französischen Dassault-Werke hat sich in all den Jahren noch immer als einer der besseren Düsenjäger erwiesen. Das „Deltaflügelkonzept“, das viele Flugzeugbauer schnell vergessen hatten, wurde in der Mirage noch weiterentwickelt, als mancher es für möglich gehalten hätte. Dadurch hat die Mirage ihre charakteristische Form erhalten. Neben der schwedischen Saab Viggen ist sie sogar vom Laien in der Luft eindeutig erkennbar, jedenfalls, solange sie nicht zu hoch fliegt. Die papierne Ausführung der Mirage besitzt dieselben Eigenschaften wie ihr Vorbild: Sie ist ein gefürchteter Konkurrent bei Wettbewerben, in bezug auf Schnelligkeit und Kapriolen. Die Papiermirage mit ihrem Deltaflügel ist auch in der Luft eindeutig erkennbar. Nur der Preisunterschied ist immens: Unsere kostet gerade einnmal vier Cent, die Originalmaschine ein paar Millionen Euro.

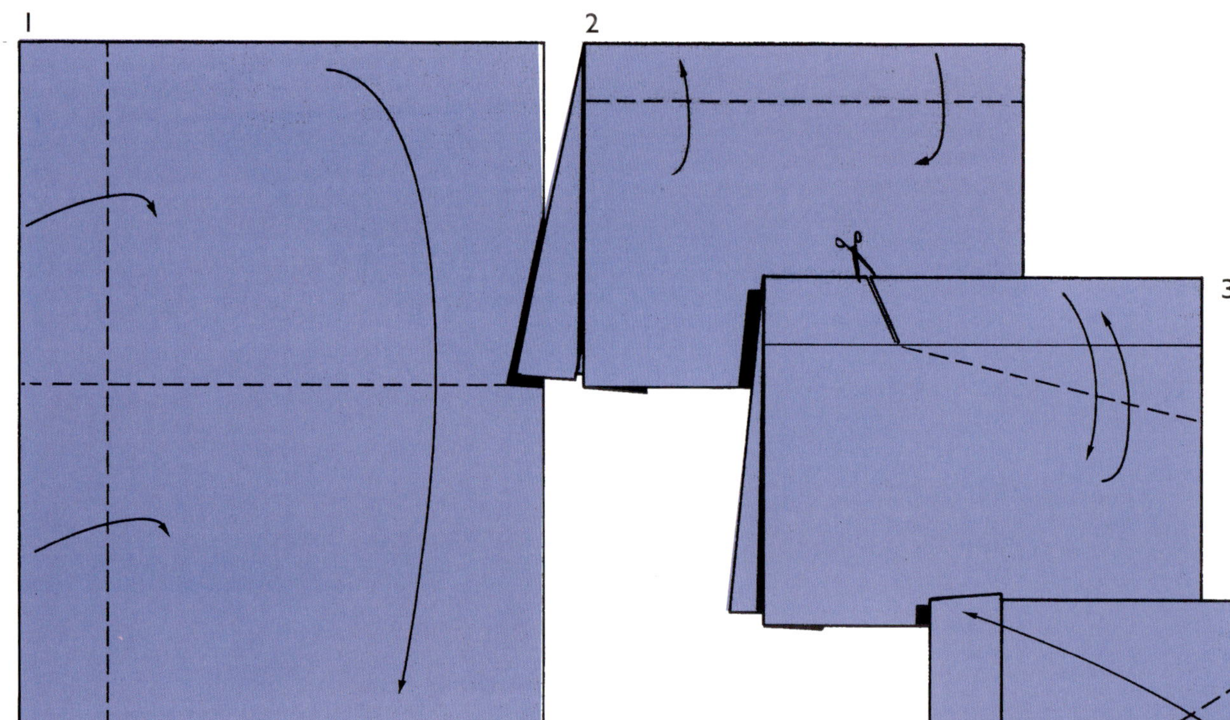

1. Man nimmt ein Stück Papier von 20 x 30 cm und faltet die linke Längsseite nach innen und danach das ganze Papier in der Breite doppelt.

2. Nun wird die Oberkante entlang den gestrichelten Linien hin und her gefaltet, so daß ein scharfer Knick entsteht.

3. Man schneidet, wie angegeben, bis an den gemachten Knick ein und faltet an der gestrichelten Linie hin und her.

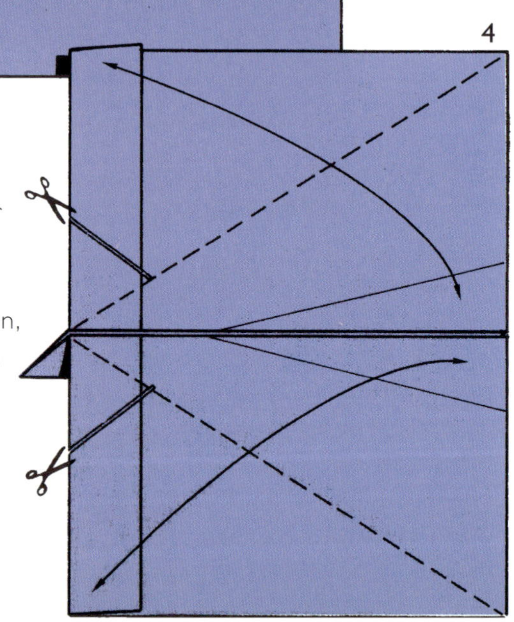

Das Papiermodell versucht, die Wirklichkeit zu imitieren. Die französische Mirage in vollem Flug.

4. Danach wird die ganze Figur wieder aufgefaltet, wobei das mittlere Stück doppelt bleiben sollte. Man faltet an beiden Kanten über die Diagonalen und wieder zurück und schneidet danach das Vorderstück an den angegebenen Punkten bis zu den Falten hin ein.

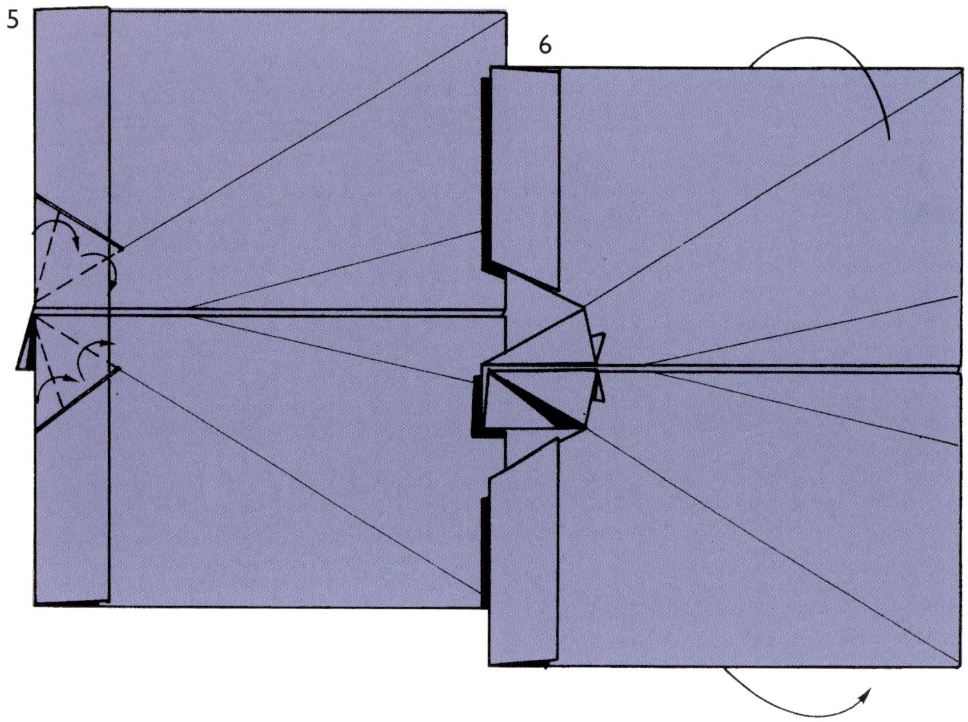

5. Die eingeschnittenen Spitzen werden alle zweimal nach innen gefaltet. Es ist das Ziel, daß die Spitzen alle bis an den Punkt, an dem man eingeschnitten hat, nach innen fallen.

6. Jetzt wird die ganze Figur doppelt gefaltet, aber so, daß die in 1. umgefaltete linke Seite an der Außenkante festsitzt.

7. Man faltet die beiden Spitzen links oben auf den Diagonalen nach unten. Natürlich jede zur eigenen Seite.

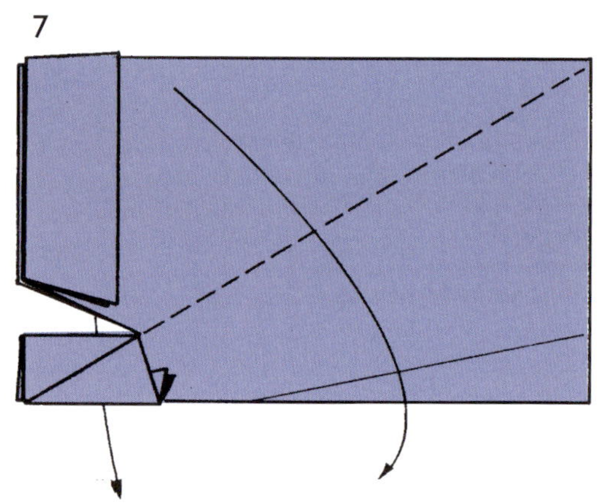

Die Konstruktion nach Arbeitsschritt 6.

So sieht die Papiermirage nach den Arbeitsschritten 1 bis 9 aus.

8. Die nun entstandenen Klappen werden entlang der gestrichelten Linie, die in die Verlängerung der Nase läuft, wieder nach oben geklappt.

9. Man faltet die Nase mit einer „entgegengesetzten" Falte nach innen und klebt sie fest. Das gleiche wird beim Schwanz gemacht und man kann feststellen, wofür der Einschnitt in 3. nötig war: Wenn man es richtig gemacht hat, schiebt sich nämlich die Vorderkante von selbst in die Spalte im Rumpf und das Ganze bekommt eine Form (s. Zeichnung 10).

10. Jetzt kommt der mechanische Teil. Die Einlaßöffnungen des Düsenmotors werden gebildet, indem man an beiden Seiten den umgefalteten Teil der Klappen am Rumpf festklebt und zwar so, daß die unteren Ränder gleich liegen. Das ist für die aerodynamische Formgebung erforderlich. Wenn man jetzt die Flügel vorsichtig über den Rumpfeinlässen nach außen faltet, ohne die runden Einlässe zu knikken, ist eine papierne und wirklich fliegende Kopie der Mirage fertig.

8

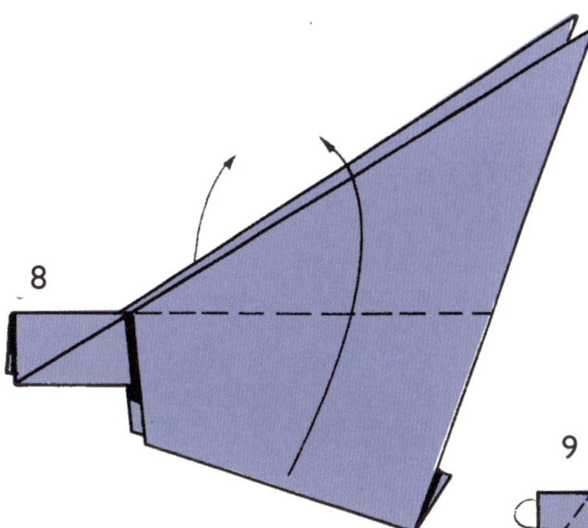

9

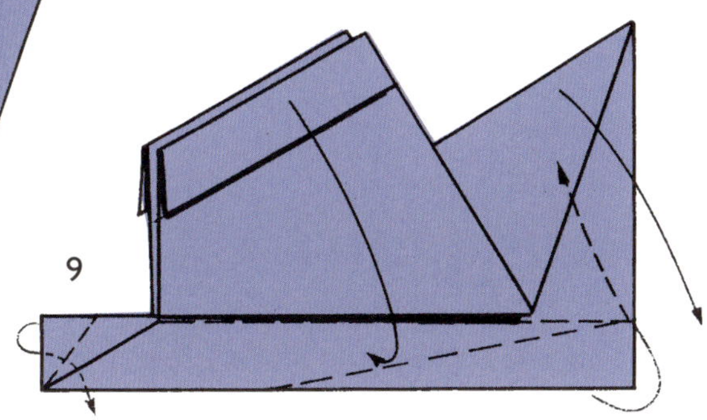

10

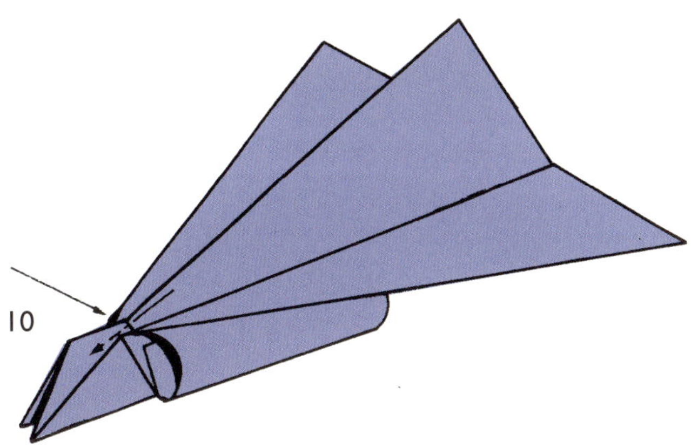

Eventuell kann man noch Klappen in den Deltaflügel machen. Einen Schritt weiter ginge das Anbringen eines Ruders im Schwanz. Dann kann man mit der Mirage die kompliziertesten Flugfiguren durchführen und es bietet sich an, mit Freunden und Bekannten Formationsflüge zu veranstalten.

Noch immer schleppt dieses Flugzeug – es wurde bereits lange vor dem 2. Weltkrieg entwickelt – Reklame für Zahnpasta und Papiertaschentücher hinter sich her. Der berühmte Segler Sir Francis Chichester machte dieses Flugzeug berühmt, indem er in den zwanziger Jahren damit nach Australien flog. Jahrelang diente es als Trainingsflugzeug. Wir sprechen über den berühmtesten Doppeldecker aller Zeiten: die englische Gipsy Moth. Sie stand für diesen Papierflieger Modell, neben der legendären „Sopwith Camel" und der „Spad" aus dem 1. Weltkrieg, als noch der „Rote Baron" wie kein anderer ritterliche Tugenden in der Luft verkörperte. Heute ist der Doppeldecker ein für gegenwärtige Verhältnisse langsam fliegendes Flugzeug, jedoch mit unnachahmlichen akrobatischen Eigenschaften. Man führt Kunststücke mit ihm aus oder man besprüht mit dieser Maschine mit einer Geschwindigkeit von 60 km/h landwirtschaftliche Flächen.

Das Papiermodell besitzt auch diese Qualitäten: gefällige Loopings, einfache Rollflüge und wenn es einmal schiefgeht, einen waghalsigen Sturzflug.

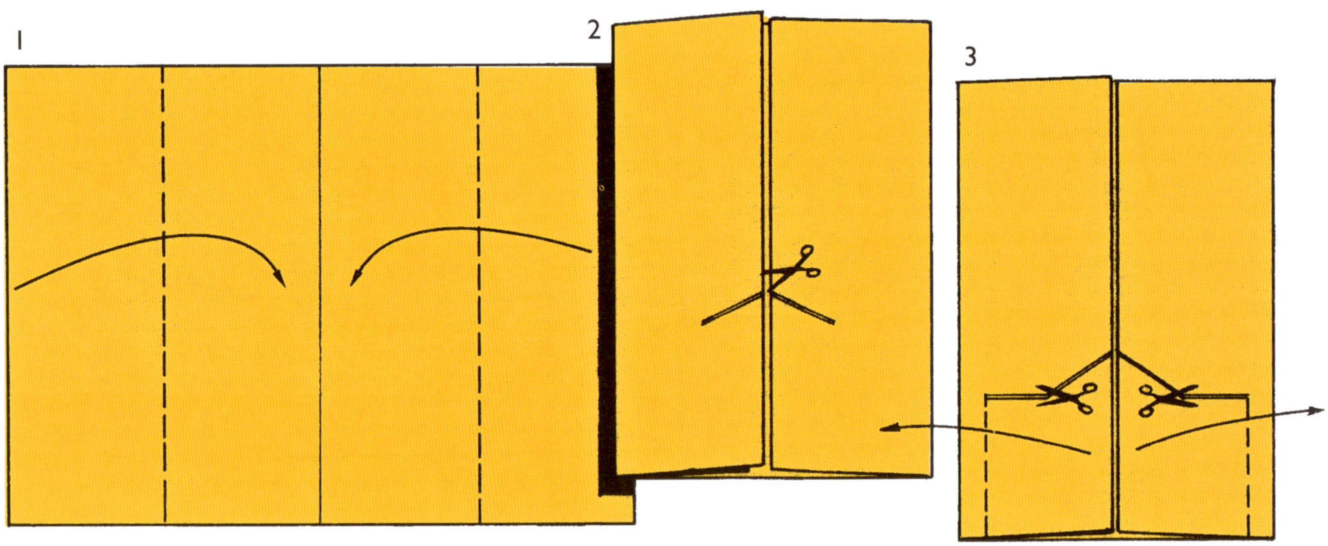

DER RUMPF

1. Der Anfang scheint leicht, aber ich möchte doch warnen: Dieses Modell gehört zur Kategorie *sehr schwierig*. Man nimmt ein Stück Papier von 30 x 40 cm und faltet die beiden kurzen Seitenkanten gegen die Mittellinie, also auf 20 cm.

2. Sowohl in die Ober- als auch in die Unterseite macht man die beiden angegebenen Schnitte. Vielleicht ist es in diesem Stadium besser, sich zunächst Abbildung 3 anzusehen.

3. Diese Einschnitte werden nur in den oberen Bogen gemacht. Man kann jetzt beide Klappen nach außen falten.

Die Tiger Moth: gefällige Loopings, geschmeidige Rollenflüge und wenn es einmal schiefgeht – waghalsige Sturzflüge.

4
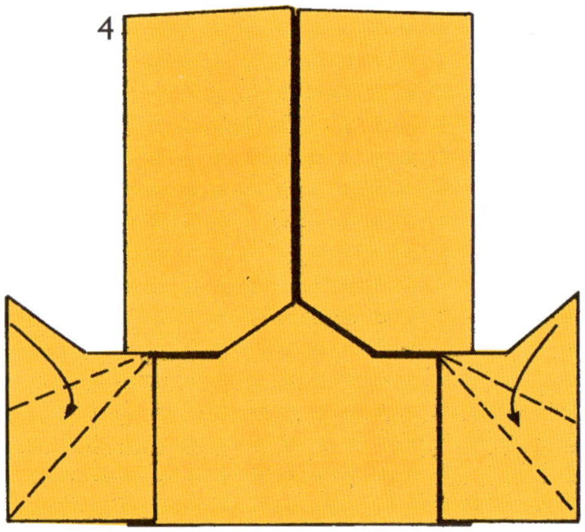

5
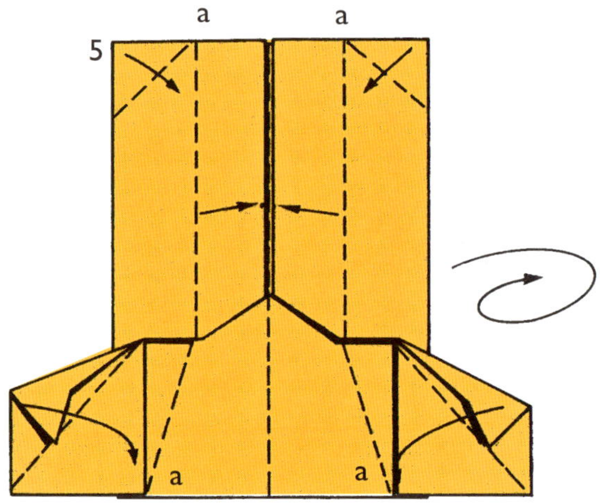

4. Man knickt auf der Diagonale dieser beiden Klappen, wonach man die obersten Spitzen gegen diese Diagonale faltet.

5. Jetzt werden diese beiden Spitzen noch einmal über die bereits genannte Diagonale nach innen gefaltet. Das war noch ziemlich einfach, aber jetzt sollte der Papierkorb in der Nähe sein, denn nun wird es schwierig! Man faltet erst die Linien „a" vor, so daß das Zusammenklappen des Rumpfes auf der Mittellinie leichter geht. Nicht die untersten schrägen Linien vergessen! Die Spitze, die später die Nase werden soll, faltet man jetzt nach innen.

6. So sieht die Figur aus, wenn man das Ganze mit Hilfe der Linien zusammengefaltet hat. Die Schwanzbasis schiebt sich von allein durch den Einschnitt in den Rumpf.

7. Die Nase wird mit einer entgegengesetzten Falte nach innen gebracht. Man faltet die beiden äußersten Oberkanten des Rumpfes auf der gestrichelten Linie nach außen um.

Das Falten der Flügel ist ziemlich kompliziert. Verwenden Sie hierfür am besten dünnes Papier.

Die Flügel

1. Ein Bogen von 30 x 40 cm wird zuerst in der Breite und dann der Länge nach doppelt gefaltet.

2. Man knickt an der gestrichelten Linie die untere linke Ecke nach außen, sowohl auf der oben- als auch auf der untenliegenden Seite. Danach klappt man das Ganze wieder auf.

3. Man faltet die lange und die kurze Seite aufeinander zu, so daß die Figur der Zeichnung 4 entsteht.

4. + 5. Die Spitze wird auf der angegebenen gestrichelten Linie umgeknickt.

6
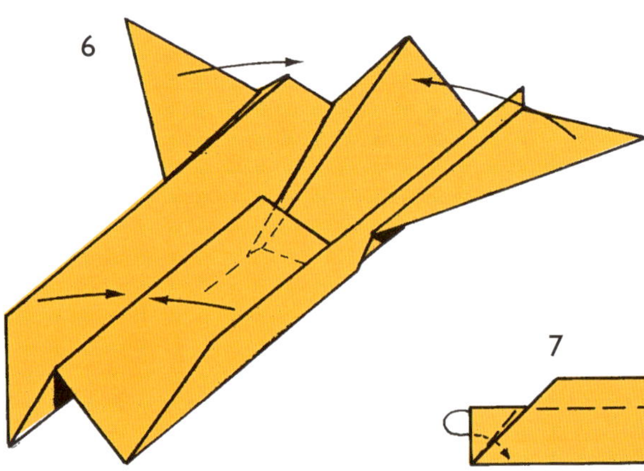

7
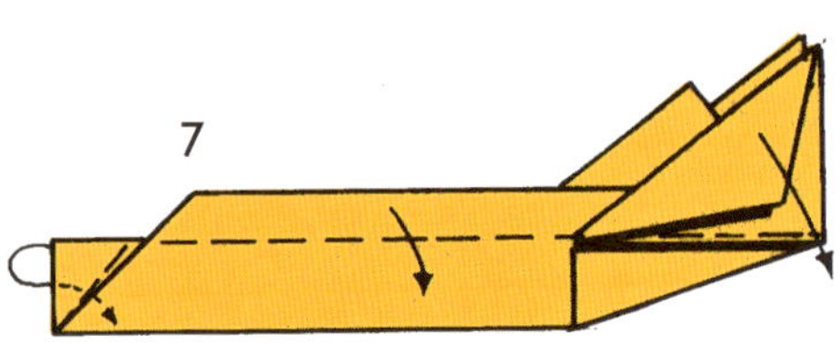

So muß der Rumpf nun aussehen.

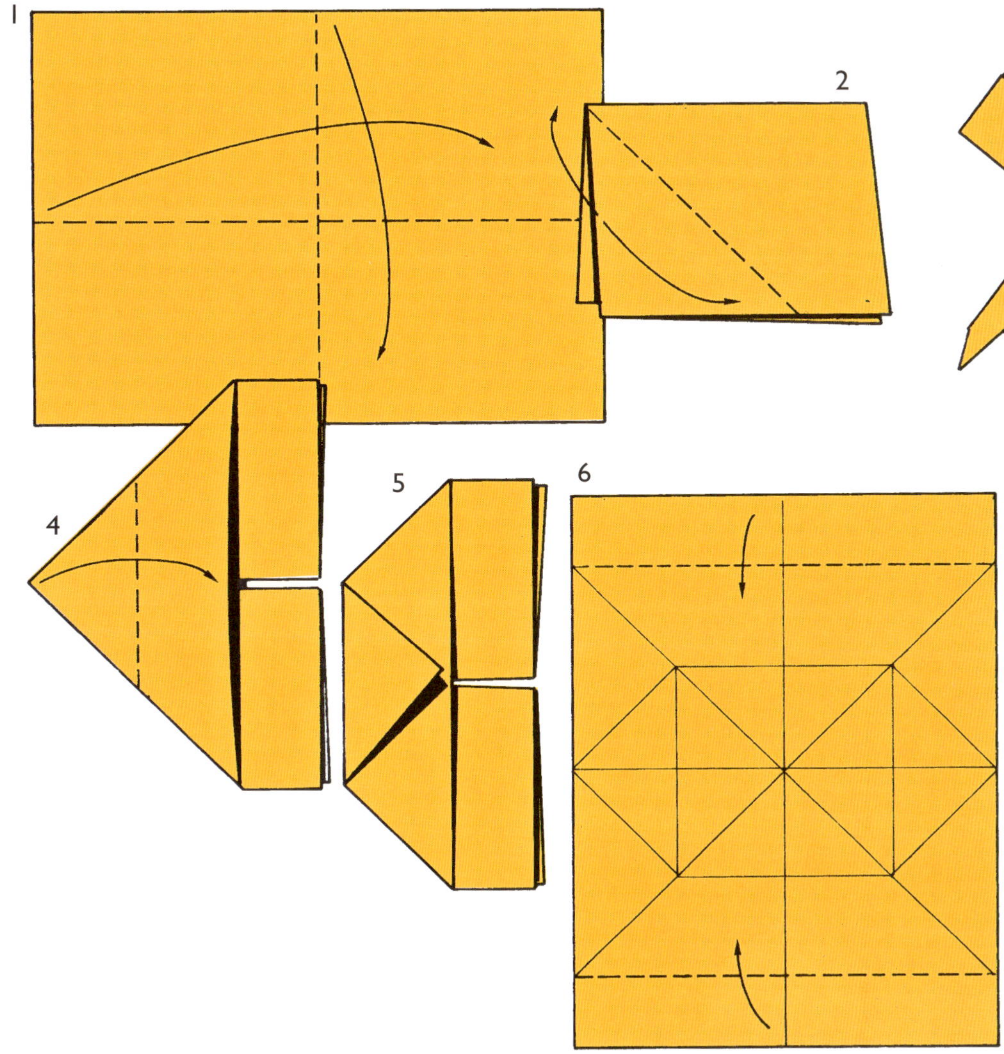

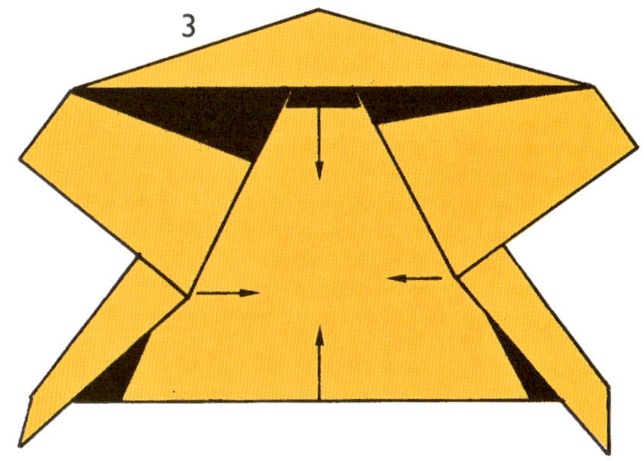

6. Der Bogen wird jetzt ganz aufgefaltet. Alle noch auf der Zeichnung angegebenen Knicke werden gefaltet – und man kontrolliert, ob die Falten auf dem Bogen mit denen der Abbildung übereinstimmen. Wenn alles stimmt, werden die kurzen Seiten nach innen gefaltet.

Die Flügel nach Arbeitsschritt 5.

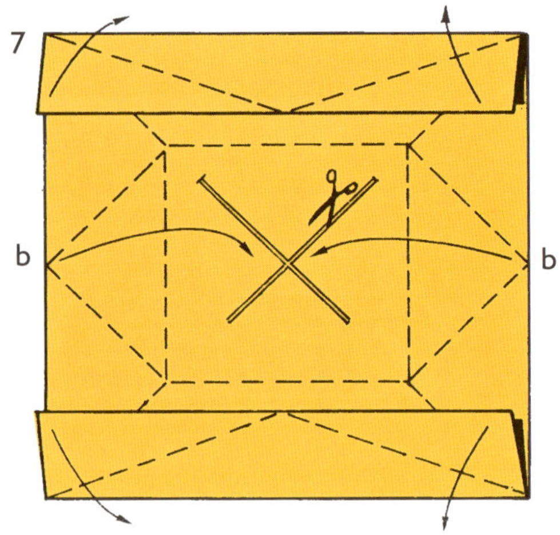

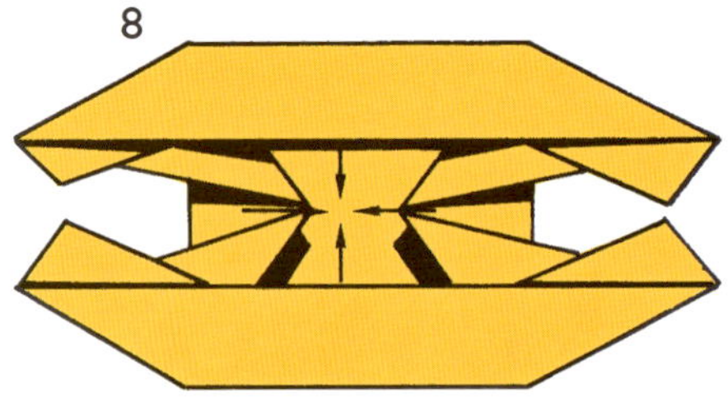

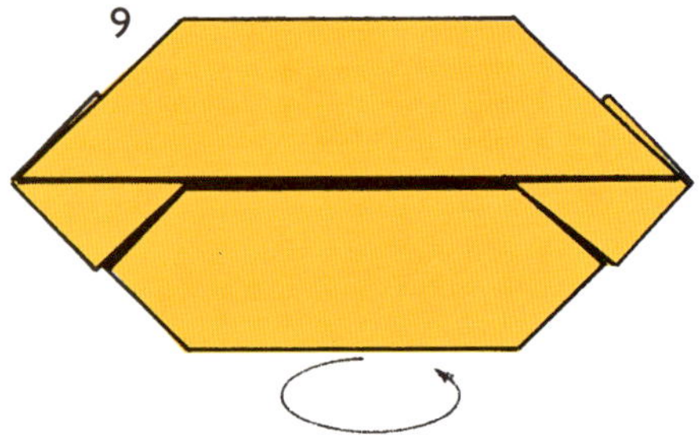

7. Nun knickt man die vier Spitzen der gerade nach innen geklappten kurzen Seiten nach außen und macht die Einschnitte wie angegeben. Länge und Verhältnis müssen übereinstimmen. Man bringt die Punkte „b" nach innen, so daß die vier Ecken des Modells aufeinander zu gezogen werden.

8. In Worten scheint es schwieriger als es ist. Diese Zeichnung macht es viel deutlicher.

9. Wenn diese Figur entstanden ist, wird sie umgedreht.

10. Man klappt die angegebenen Spitzen nach innen, so daß auf den gestrichelten Linien Falten entstehen und drückt die ganze Figur flach.

11. Diese Abbildung soll das Vorhergehende verdeutlichen.

12. Auf der Mittellinie werden die obenliegenden Flügel nach oben gefaltet und anschließend an den äußersten gestrichelten Linien nach unten geklappt.

Zwei schwierige Schritte beim Falten der Flügel. Verzweifeln Sie nicht, auch wenn Sie glauben, vier Hände zu brauchen. Mit etwas Geduld wird es Ihnen gelingen.

10

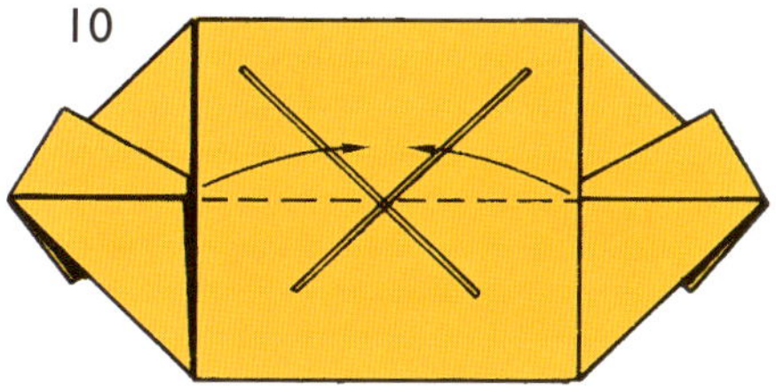

11

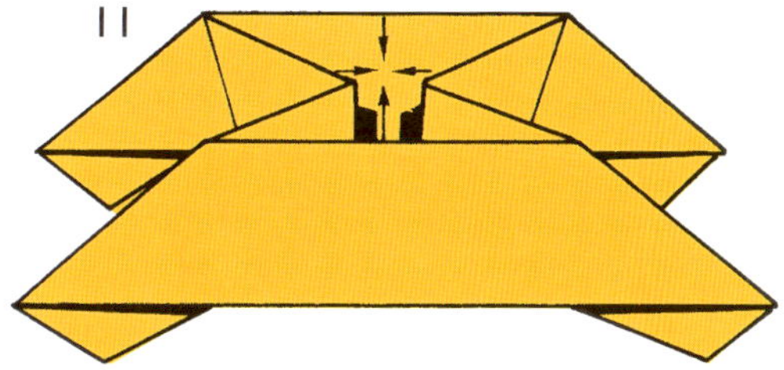

12

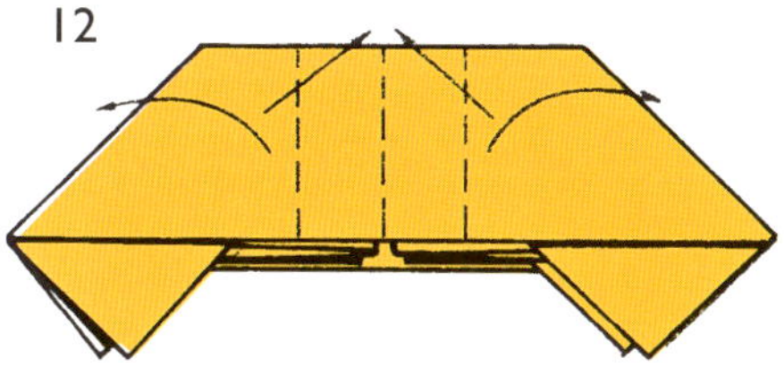

13

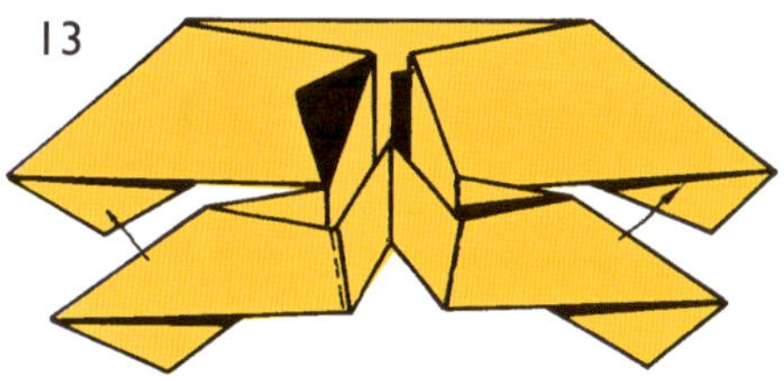

14

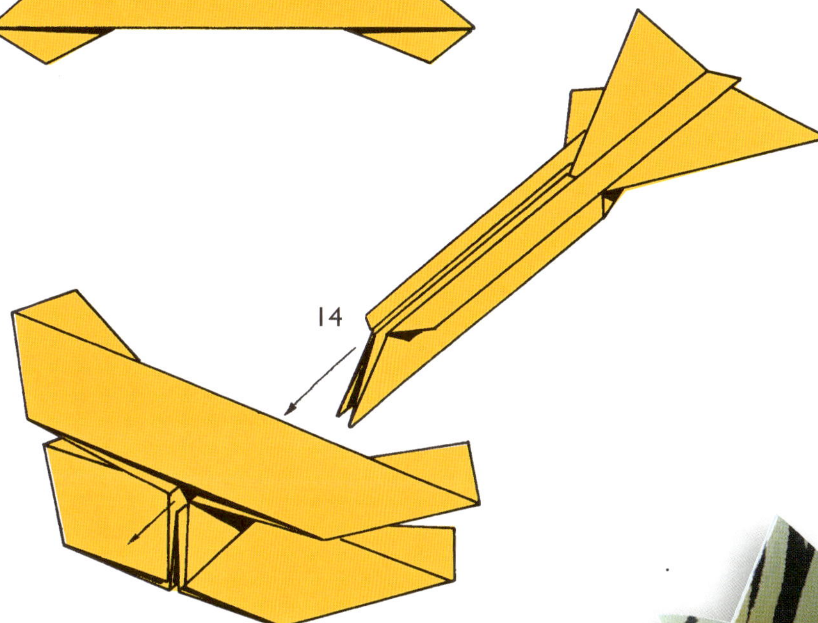

13. So muß es nun aussehen.

14. Schließlich wird der Rumpf durch das vorgeschnittene Kreuz in die Flügel gesteckt, die aneinandergeklebt werden. Nun ist die Tiger Moth fertig und kann eingeflogen werden. Kunstflüge und Akrobatik kommen aber erst, wenn man zehn „Motten" gefaltet hat.

Der Rumpf wird durch das vorgeschnittene Kreuz in die Flügel gesteckt. Nun ist die Tiger Moth fertig und kann eingeflogen werden.

Der Stolz der Schweden ist noch immer die Saab Viggen, ein Deltaflügeldüsenflugzeug, das trotz bestimmter Klagen über die Flügelform noch immer als einer der modernsten Düsenjäger betrachtet werden kann. Aerodynamisch gesehen haben die Schweden auch eine gute Lösung für die Klagen darüber, daß der Deltaflügel bei niedriger Geschwindigkeit Instabilität zeige, gefunden, indem sie vor den Hauptflügel ein paar kleinere und höher angebrachte Flügel montierten. Dasselbe Problem stellt sich in kleinerem Umfang auch für das Papiermodell. Die schwedische Lösung bewährt sich auch hier ausgezeichnet. Die Viggen ist ein einzigartiges Flugzeug, von einem Land entwickelt, das sich im vergangenen Jahrhundert in bezug auf Kriege neutral verhalten hat und ein eigenes Verteidigungssystem aufbaute, in das die Viggen hervorragend paßt.

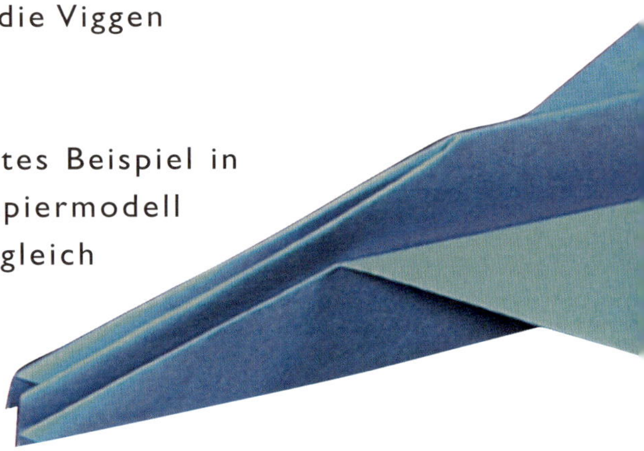

Das papierne Modell der Viggen ist ein gutes Beispiel in der Gruppe der „Originalmodelle". Das Papiermodell gleicht dem Original nahezu perfekt, wenngleich bei näherer Betrachtung jeder von der Luftfahrt Begeisterte einige signifikante Unterschiede entdecken wird. Wir wollen den Kritikern vorgreifen: Die Lufteinlässe der richtigen Viggen laufen bis in die vordersten Flügel durch, und der Rumpf ist im Verhältnis vor allem hinten beim Schwanz höher. Wenn wir uns Details ansehen, kommen noch mehr Unterschiede ans Licht: kein Fahrgestell, kein Düsenmotor, keine Bewaffnung usw. Aber unsere Viggen fliegt dafür genausogut. Anscheinend werden in Schweden zuerst ziemlich viele Papierflugzeuge gefaltet, bevor man sich an die echten Maschinen wagt!

Saab 37 Viggen

Der Stolz der Schweden in der papiernen Ausführung: die Saab 37 Viggen, ein einzigartiges Flugzeug.

SAAB 37 VIGGEN

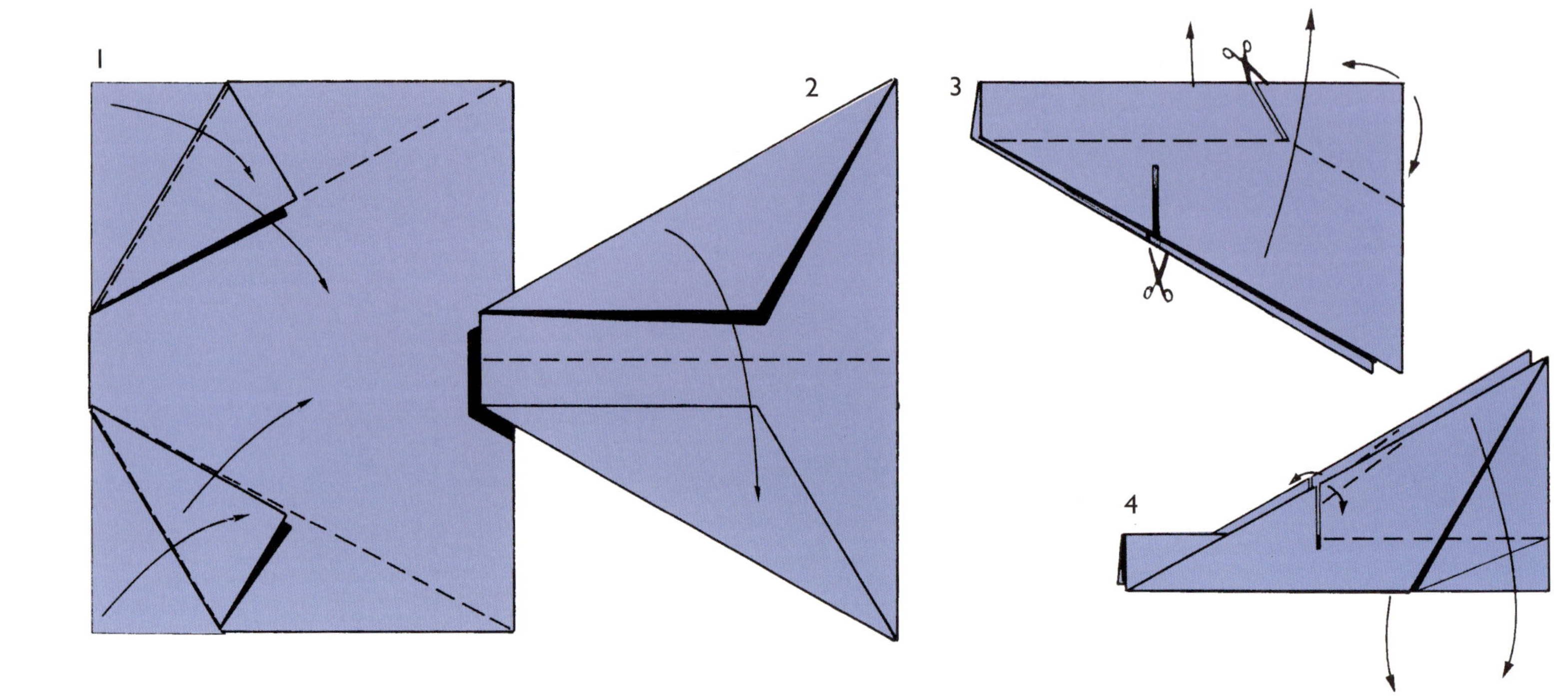

1. Man faltet in einen Bogen von 30 x 40 cm die beiden linken Spitzen wie angegeben an der gestrichelten Linie zu der anderen gestrichelten Linie um und dann über die zweite gestrichelte Linie.

2. Das Ganze wird über die Breite doppelt gefaltet.

3. Man schneidet wie angegeben ein und faltet den Schwanz über die schräge gestrichelte Linie hin und her. Die Flügel werden auf der gestrichelten Linie an beiden Seiten nach oben geklappt.

4. Die Vorderränder des großen Deltaflügels werden dort, wo man eingeschnitten hat, umgefaltet. Man klappt dann die Flügel über die gestrichelte Linie nach unten, nur den hintersten so, wie es auf der Zeichnung angegeben ist.

5. Die Spitze der Nase wird nach innen gefaltet und der Schwanz mit einer „entgegengesetzten" Falte nach oben gefaltet. Man falte die Flügel auf der gestrichelten Linie nach oben und die Flügelspitzen nach unten.

6. Die Nase wird mit einer Heftklammer befestigt. Dann schiebt man die Basis des hintersten Flügels etwas nach oben, so daß Einlaßöffnungen für den Düsenmotor entstehen, und heftet oder klebt diese fest (s. Pfeil). Die kleinen Vorderflügel werden über die gestrichelte Linie nach unten gefaltet.

7. Wenn die Saab 37 Viggen nun genauso aussieht wie auf dieser Zeichnung, kann gestartet werden.

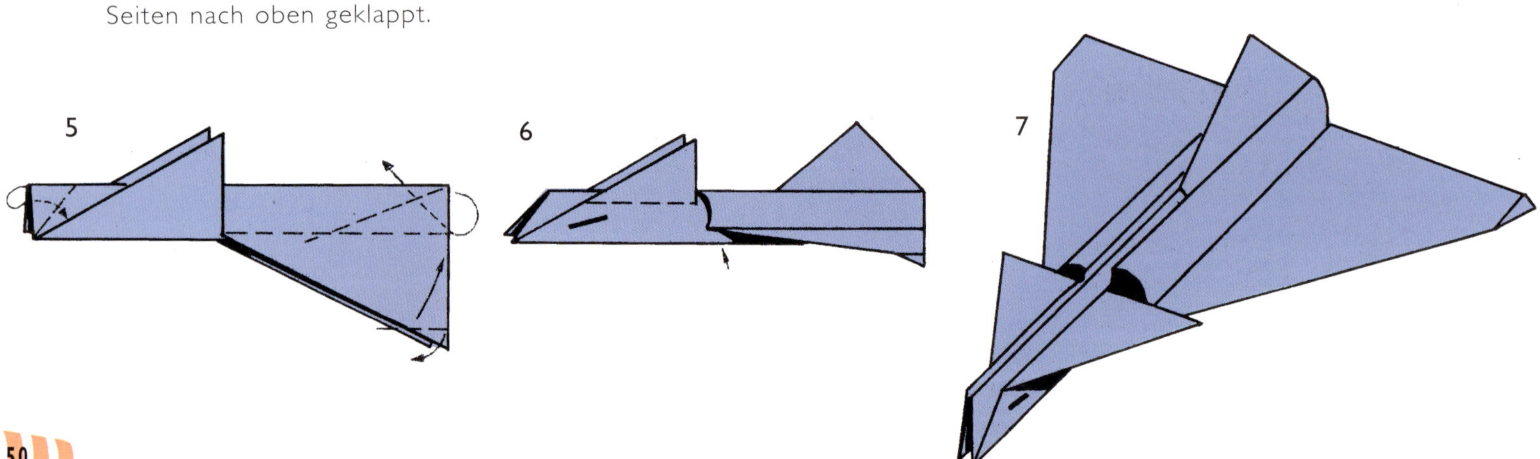

Die russische Tupolev ist ein einzigartiges Flugzeug in der Geschichte der Luftfahrt. Die „Bear“, wie man sie im Westen offiziell nennt, ist eines der größten Flugzeuge der Welt und gleicht einem Düsenflugzeug, was es aber nicht ist. Zwar stehen die gigantischen Flügel in V-Form, aber die vier Düsenturbinen treiben riesige Schrauben an, mit denen das Gerät sozusagen durch den Luftraum paddelt. Nach Meinung der Sachverständigen ist dies an sich nicht möglich. Die Vibrationen der Schrauben müßten die „Bear“ eigentlich bersten lassen. Doch die Tupolev beweist das Gegenteil. Wenn es nötig ist, kann dieser Gigant sogar länger als vierundzwanzig Stunden in der Luft bleiben.

Dieselben Eigenschaften besitzt auch ihr Schwesterchen aus Papier, obwohl die Flugdauer dann natürlich im Verhältnis gesehen werden muß. Eine Flugdauer von 24 Sekunden ist jedoch nicht unmöglich. Ein wunderbarer Segler ist diese Tupolev „Bear“ also. Die Turbinen und Schrauben werden allerdings in dieser Ausführung nicht mitgeliefert.

Ein ausgezeichneter Segler: die Tupolev „Bear“.

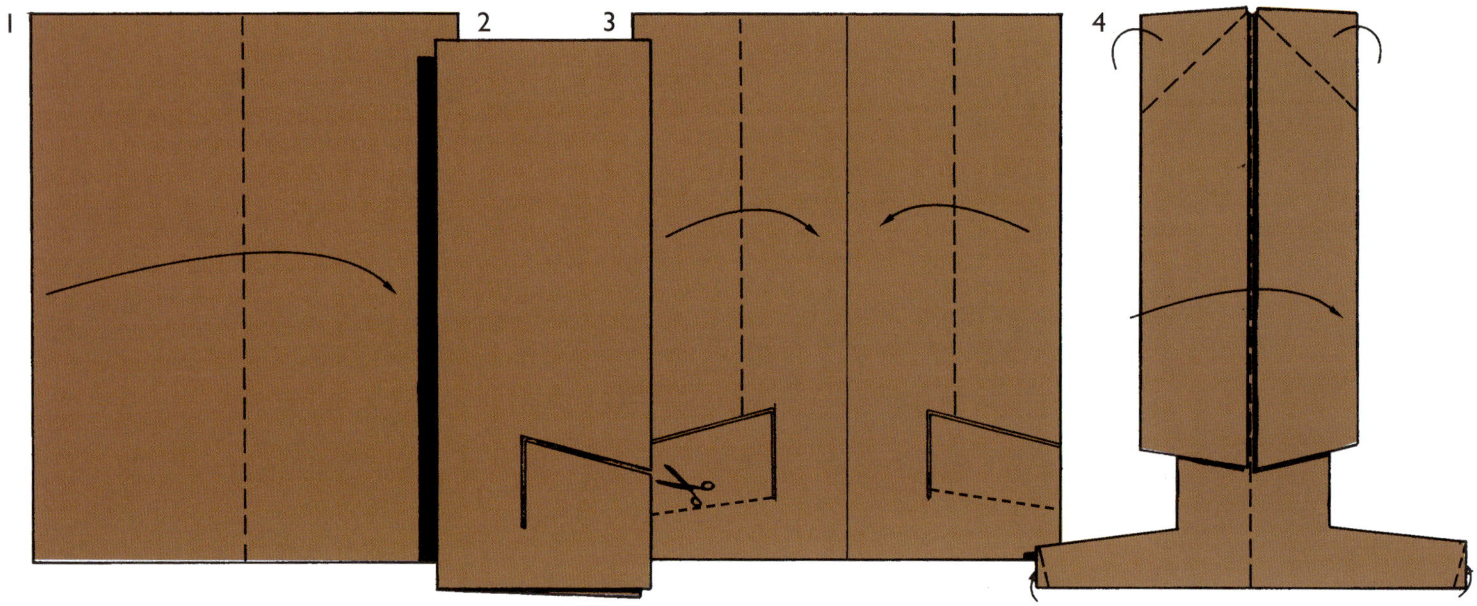

DER RUMPF

1. Man faltet einen Bogen von 30 x 40 cm doppelt.

2. Den doppelt gefalteten Bogen schneidet man, wie angegeben, ein.

3. Man klappt das Ganze auf und faltet danach die zwei Seitenkanten auf den gestrichelten Linien nach innen.

4. Die beiden obersten Spitzen werden nach hinten umgeknickt, ebenso die Ecken der Flügelzipfel. Danach wird das Ganze doppelt gefaltet.

5. Die Oberkante des Rumpfes wird an der Länge über die gestrichelten Linien nach beiden Seiten gefaltet.

6. Man faltet den Rumpf noch einmal auf der gestrichelten Linie über die ganze Länge.

DIE FLÜGEL UND RUDER

1. Man faltet einen Bogen von 30 x 40 cm doppelt.

2. Die beiden linken Ecken werden an den gestrichelten Linien hin und her gefaltet.

3. Nachdem man den Bogen wieder aufgeklappt hat, faltet man ihn jetzt wieder zu, während man die Eckspitzen nach innen faltet.

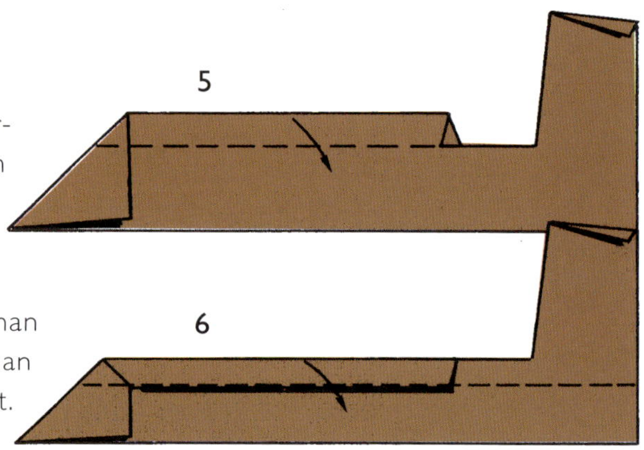

Wenn das Resultat so aussieht, ist der Rumpf der Tupolev fertig.

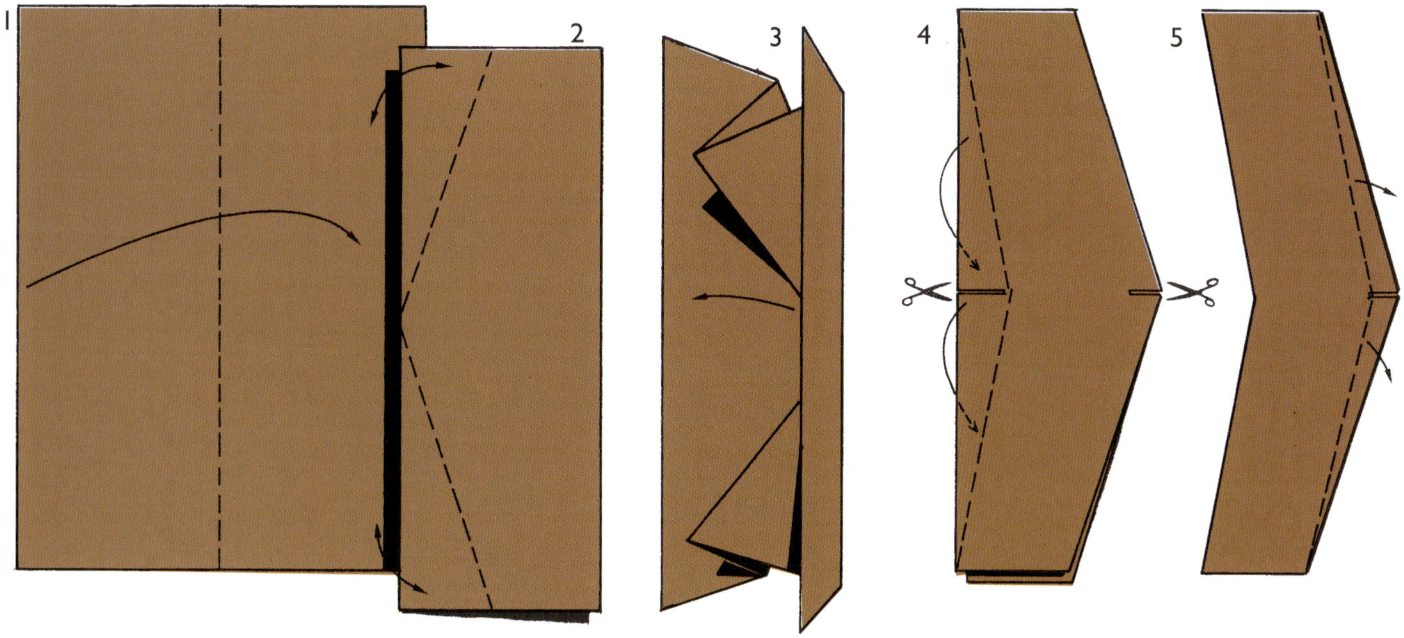

4. Man schneidet, wie angegeben, ein und faltet den hinteren Rand der oberen und unteren Lage an den gestrichelten Linien nach innen.

5. Die Vorderkante des Flügels wird leicht nach unten gefaltet. Der Vorderrand wird über die ganze Länge festgeleimt.

6. + 7. Für das Richtungsruder faltet man einen Bogen von 15 x 15 cm auf der Diagonale doppelt und macht auf den beiden kurzen gestrichelten Linien eine entgegengesetzte Falte.

8. Die drei Einzelteile werden entsprechend dieser Abbildung zusammengefügt. Die Tupolev ist jetzt fertig.

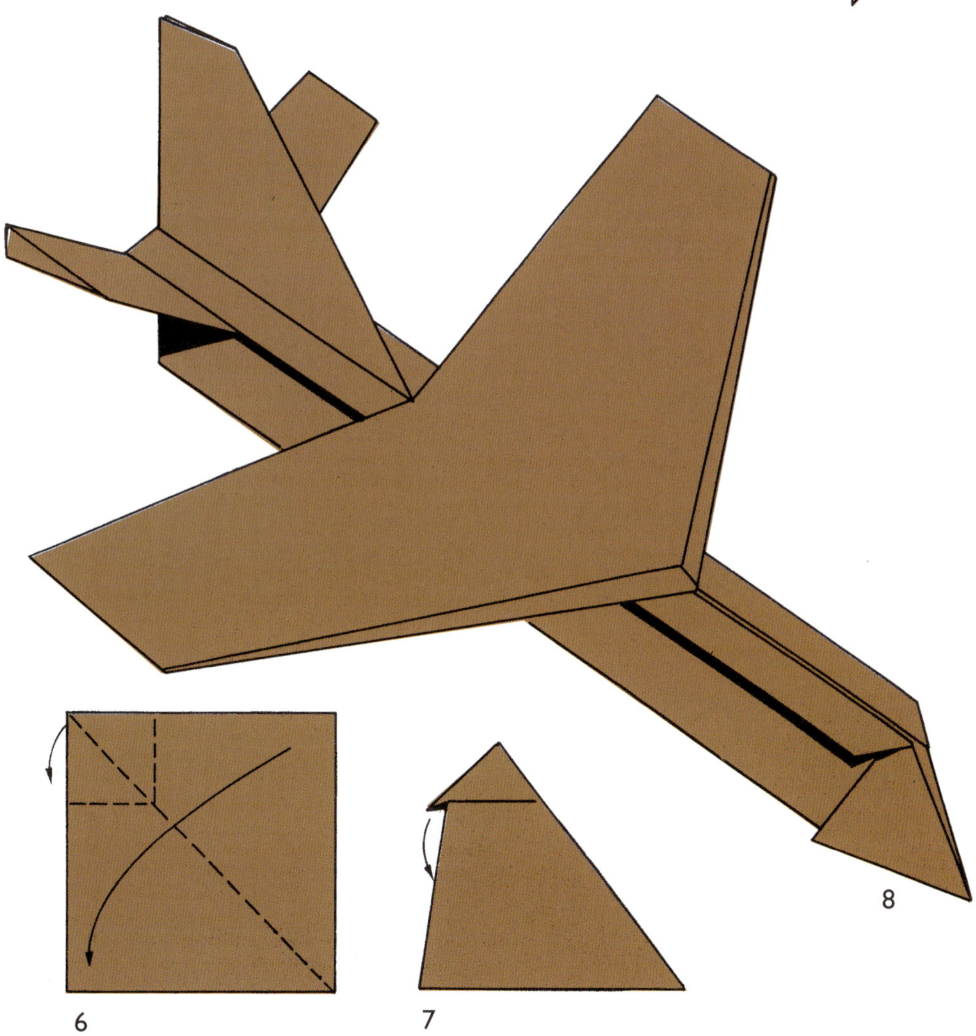

F-16

Die F-16 der General Dynamics ist ein sehr umstrittenes Flugzeug geworden. Sie ist ein Jäger mit außergewöhnlichen Möglichkeiten und modernster Technik. Computer nehmen einen wichtigen Teil des Instrumentariums ein. Bei diesem Flugzeug könnte man beinahe sagen, daß es nicht der Pilot ist, der die F-16 fliegt, sondern die F-16, die den Piloten fliegt.

Die papierne F-16 wurde nach einer Vorlage von Eiji Nakamura entworfen, einem bekannten japanischen Spezialisten im Falten von Papierflugzeugen. Von der Formgebung her ist dieses Modell wahrscheinlich das schönste aus dieser Serie.

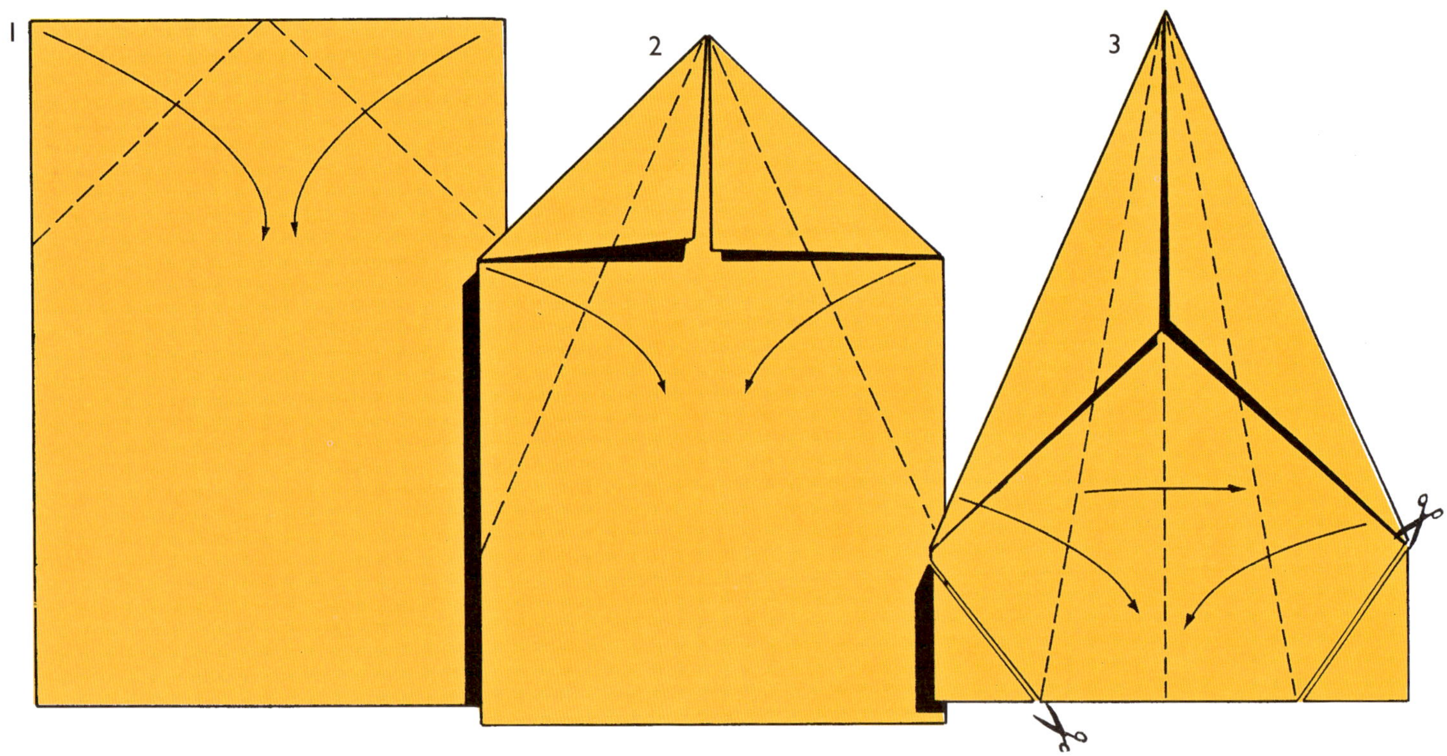

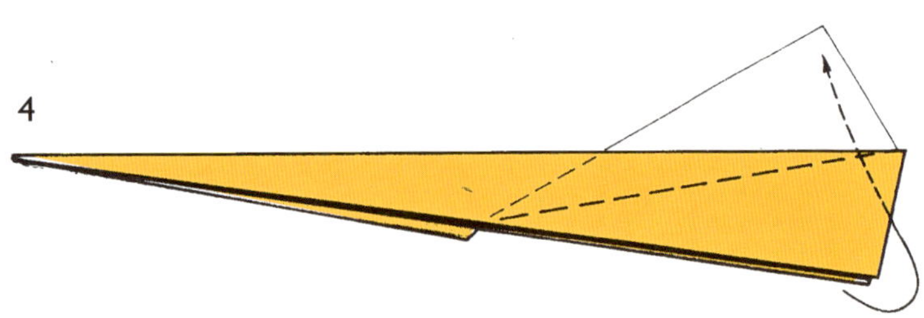

DER RUMPF

1. Man faltet die oberen Spitzen eines Bogens von 30 x 40 cm an den gestrichelten Linien nach innen.

2. Noch einmal wird auf den gestrichelten Linien gefaltet und zwar so, daß sich die äußersten Spitzen genau in der Mitte treffen.

Die papierne F-16 wurde nach einer Vorlage von Eiji Nakamura entworfen, einem bekannten japanischen Spezialisten im Falten von Papierflugzeugen.

3. Man knickt auf der äußeren gestrichelten Linie und schneidet die angegebenen Stücke ab. Dann wird das Ganze auf der mittleren Linie doppelt gefaltet. Die Flügel werden dadurch gebildet, daß man sie an den bereits gemachten Falten nach außen klappt.

4. Durch eine entgegengesetzte Falte entsteht der Schwanz – und fertig ist der Rumpf!

F-16

Ein originelles Geschenk: Diese F-16 ist aus Eurobanknoten gefaltet. Bei dieser Variante sind die Flügelenden nach oben gebogen. Der Schwanz bleibt flach.

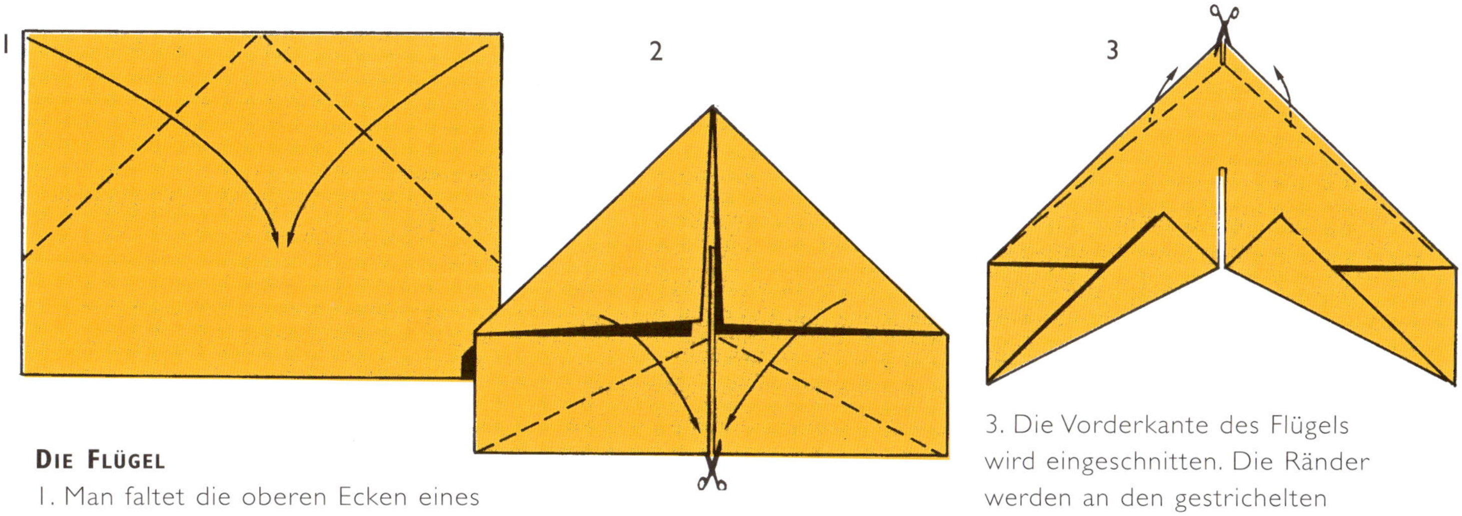

DIE FLÜGEL

1. Man faltet die oberen Ecken eines Bogens von 20 x 30 cm um, so daß sie einander in der Mitte treffen.

2. Nun schneidet man, wie angegeben, ein und faltet die Klappen an der gestrichelten Linie nach oben.

3. Die Vorderkante des Flügels wird eingeschnitten. Die Ränder werden an den gestrichelten Linien leicht nach oben umgefaltet. Das ist die Unterkante des Flügels.

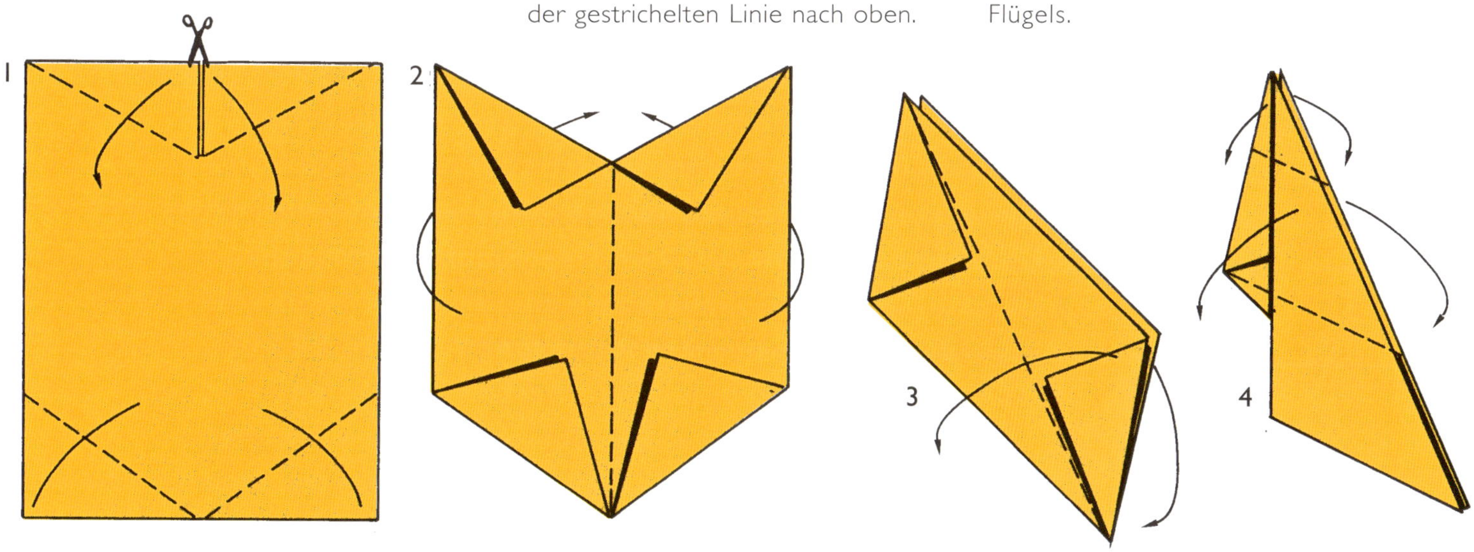

DER SCHWANZ

1. Man schneidet einen Bogen von 20 x 30 cm in der Mitte von oben ein und faltet die Klappen entlang der gestrichelten Linien nach unten. Die unteren Klappen werden, wie angegeben, nach oben geknickt.

2. Das Ganze wird der Länge nach doppelt nach hinten gefaltet.

3. Nun faltet man beide Seiten an der gestrichelten diagonalen Linie nach außen um.

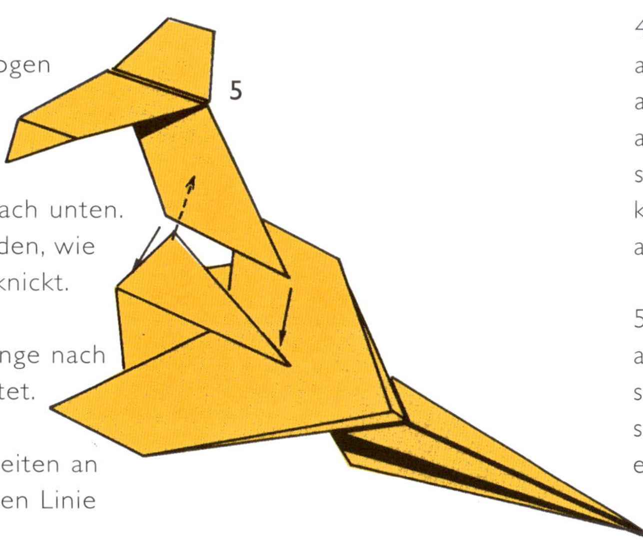

4. Die oberen Spitzen werden auf der gestrichelten Linie nach außen gefaltet. Der Schwanz wird auf der daruntergelegenen gestrichelten Linie umgefaltet. Man klebt die beiden unteren Hälften aneinander.

5. Dann klebt man den Schwanz auf die Basis und zwar so, daß sich die Basis in den Schwanz schiebt. Die F-16 ist nun für ihren ersten Flug bereit.

WETTKAMPFFLUGZEUGE

Es gibt keinen Sport ohne Wettkämpfe. Und ab jetzt betrachten wir das Fliegen mit Papiermodellen ebenfalls als Sport. In Amerika geschah das natürlich schon viel früher. Dort wurden auch die Regeln für das Wettkampffliegen aufgestellt. Es gibt folgende Kategorien: der längste Flug in Metern, oder wenn man Glück hat, in Kilometern; die längste Zeit in der Luft und die Abteilung Luftakrobatik, der schönste Looping oder der eindrucksvollste Absturz. Es ist klar, daß man diese Kategorien noch ausweiten kann. Der Wettkampf war immer schon ein wichtiges Element beim Fliegen, nicht wenige Waghalsige versuchten, in wackligen Kisten den atlantischen Ozean zu überqueren. Und zwar schon, bevor Charles Lindbergh mit seiner „Spirit of St. Louis" genau das tat. Der bekannte Weltumsegler Sir Francis Chichester versuchte, in einer Tiger Moth um die Erde zu fliegen, was ihm jedoch nicht gelang. Amelia Earheart war die erste Frau, der ein Nonstopflug von Amerika nach Japan gelang. Dies sind Beispiele aus der Geschichte, die Nachahmung in Papier auf kleinerem Maßstab verdienen. Man kann z. B. einen größeren Teich im nächstgelegenen Stadtpark aussuchen und probieren, mit den besten Wettkampfmodellen das andere Ende des Teiches zu erreichen. Dafür wird der Lindbergh-Pokal ausgesetzt. Man kann auch Geschwindigkeitswettkämpfe organisieren.

Der Sprinter, ein superschneller Jäger.

Alle Wettkampfmodelle sollten sehr sorgfältig gefaltet werden. Man kann mit verschiedenen Papiersorten experimentieren, um selbst dahinterzukommen, welche die beste ist, und, wenn nötig, kleine Veränderungen anbringen, um die Leistungen zu verbessern. Bei einem Wettkampf sollte immer dafür gesorgt sein, daß genügend Modelle jeder Kategorie vorhanden sind. Man sollte die Fähigkeiten der Modelle genau kennen, ebenso wie die beste Methode des Werfens. Acht Modelle stellen wir hier vor.

Der Flugbereich der Cirrus 75 ist sehr groß.

Die Abteilung Luftakrobatik bei Papierflugzeugen ist im Grunde dieselbe wie bei den Originalmaschinen. Eine bestimmte Anzahl von Mustern können geflogen werden: der Looping, bei dem das Flugzeug einen vertikalen Kreis beschreibt; dafür muß man die Flügelruder nach oben stellen. Eine Rolle, bei der sich das Flugzeug um seine Achse dreht. Dafür sollte ein Ruder mehr nach oben und das andere mehr nach unten stehen. Eine besondere Form der Rolle nennen wir den „Korkenzieherflug“. Wenn das Papierflugzeug auch noch ein Schwanzruder hat, sind noch mehr akrobatische Figuren möglich. Man kann dann nicht nur auf der vertikalen Ebene Kunststücke ausführen, sondern darüber hinaus allerlei Kombinationen aus den oben beschriebenen Flugfiguren. Das größte Risiko der Luftakrobatik sind die Abstürze. Aber dann faltet man eben wieder ein neues Modell. An Formationskunstflüge sollten sich nur diejenigen wagen, die über eine große Ausdauer verfügen.

Den Namen Cirrus 75 haben wir nicht zufällig gewählt. Wir haben unser Modell nach einem der besten und modernsten Segelflugzeuge genannt, weil es dieselben Eigenschaften wie sein größerer Bruder besitzt. Der Flugbereich der Cirrus 75 ist sehr groß, vor allem wenn man von einem hohen Startpunkt ausgeht, wie z. B. einem Balkon oder einem Dachfenster. Darum ist das Modell besonders geeignet für die Kategorien „längster Flug und längste Flugdauer". Den Gipfel des Mount Everest darf man sich allerdings nicht als Startpunkt aussuchen. Den wird die internationale Jury wohl nicht anerkennen.

Die Cirrus 75 ist ein richtiges Topmodell.

1. + 2. Man faltet einen Bogen von 20 x 30 cm an den angegebenen Diagonalen und quer am Schnittpunkt der Diagonalen. Die Seitenkanten werden aufeinander zu gefaltet und die Unterkante nach oben, so daß Figur 2 entsteht.

3. Es handelt sich hier um eine Standardfaltmethode. Die Spitzen werden nach unten geklappt.

4. Man schneidet die angegebenen Teile aus der Oberkante. Dann kann man das Modell auch doppelt falten und schneiden, was sich auf die Symmetrie günstig auswirkt. Man faltet doppelt und klappt dann die Flügel wieder an den angegebenen gestrichelten Linien zurück. Dabei darf der Schwanz nicht vergessen werden. Die Zeichnung verdeutlicht den Vorgang.

5. Der Schwanz wird über der Falte zusammengeklebt oder -geheftet. Die Flügel können eingeschnitten werden, so daß Höhenruder entstehen, die Akrobatik- oder Bumerangflüge ermöglichen. Leichtes Papier ist für die Cirrus 75 am besten geeignet.

1

2

5

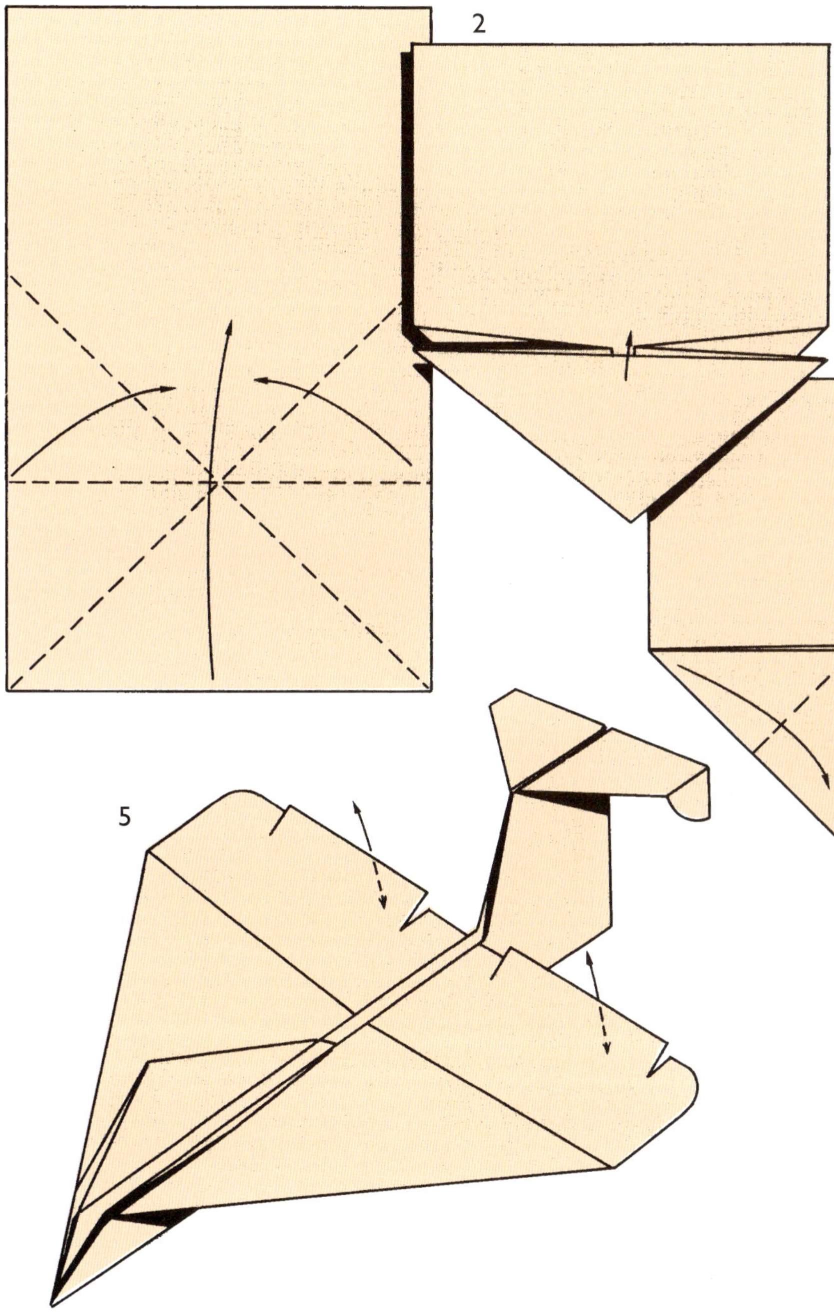

3

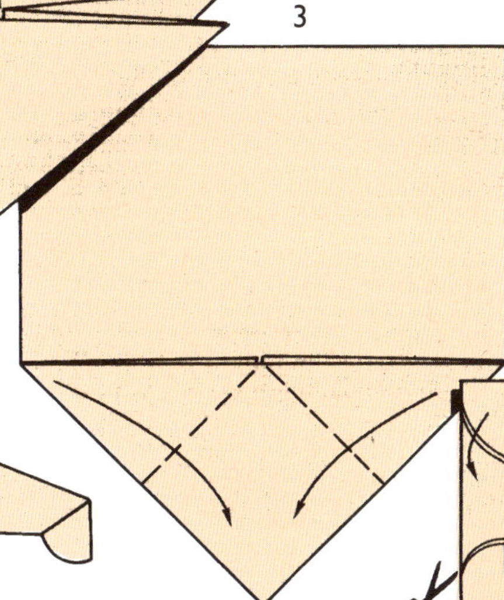

4

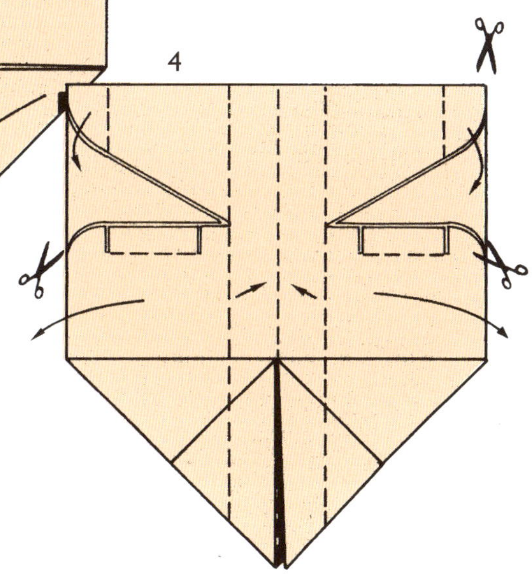

Zwar denkt man, wenn man seine Form sieht, nicht unmittelbar an den alten englischen Hunter, aber auf Grund seiner Flugfähigkeiten kann man es dennoch mit dem phantastischen Jagdflugzeug von damals vergleichen. Das Deltaflügelkonzept kommt bei diesem Papierflugzeug optimal zur Wirkung. Der große Schwanz gewährleistet genügend Kursstabilität und der umgeknickte Vorderrand des Flügels, in der Luftfahrt als „Slotted Flap-Prinzip“ bekannt, sorgt für eine größere Gleitfähigkeit. Der Hunter ist ein schnelles bis sehr schnelles Modell, das nach einiger Übung zu verblüffenden Leistungen imstande ist.

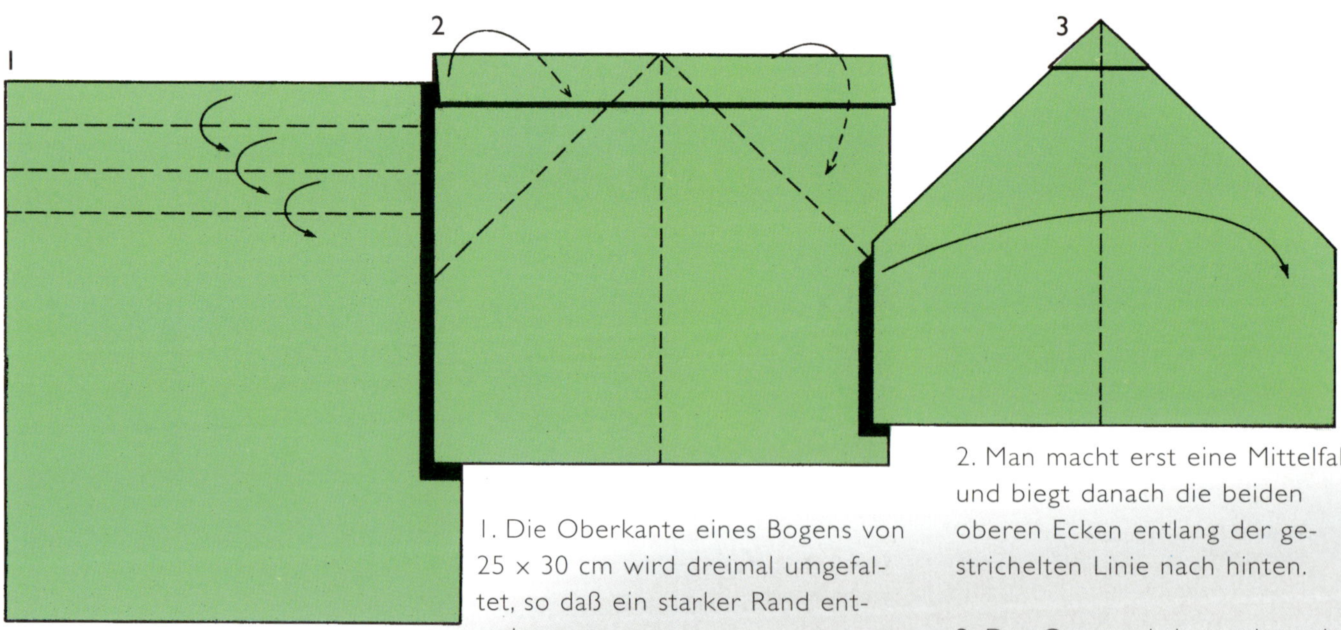

1. Die Oberkante eines Bogens von 25 x 30 cm wird dreimal umgefaltet, so daß ein starker Rand entsteht.

2. Man macht erst eine Mittelfalte und biegt danach die beiden oberen Ecken entlang der gestrichelten Linie nach hinten.

3. Das Ganze wird nun doppelt gefaltet.

Der Hunter ist ein schnelles bis sehr schnelles Modell, mit dem man bei einiger Übung verblüffende Leistungen erreichen kann.

4
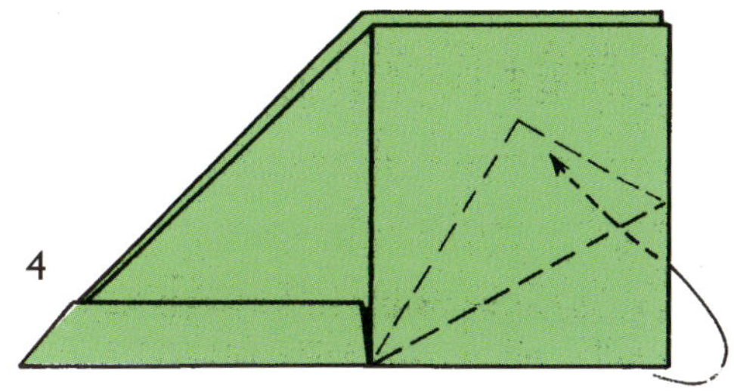

5
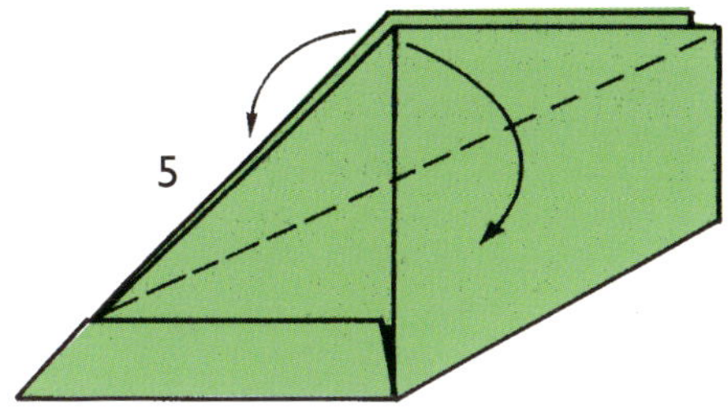

6
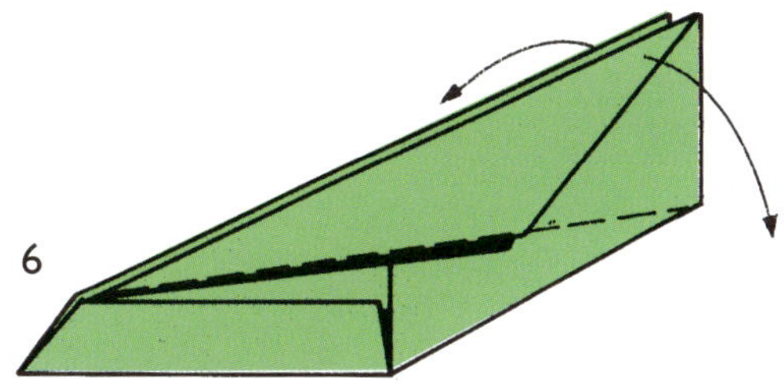

7
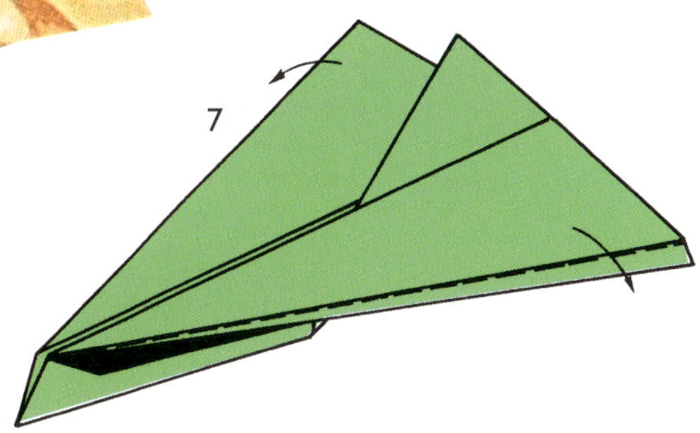

4. Die Rückseite wird an beiden Seiten entlang der gestrichelten Linie hin und her gefaltet, als Vorbereitung für eine entgegengesetzte Falte, die das Schwanzstück bildet.

5. Die beiden Flügel werden an der gestrichelten Linie nach außen umgefaltet.

6. Man faltet danach noch einmal die Flügel an den gestrichelten Linien nach außen.

7. Nun macht man eine Extrafalte, etwa 1 cm unter der vorhergegangenen. Das gibt dem Flugzeug mehr Gleitfähigkeit. Der Hunter ist fertig.

Dem Sprinter gelingt wirklich alles und er kann überall eingesetzt werden. Von der Form her ist er ein superschneller Jäger, der bei Flugdauerwettkämpfen hohe Punktzahlen erreichen kann. Auch als Akrobat leistet der Sprinter nicht weniger als die anderen Modelle. Das kommt zum Teil durch seine Form, denn der Sprinter erhält dadurch eine extra Dimension, daß die Nasenfalten über die Flügel zu falten und festzukleben sind. Somit bekommt der Rumpf eine räumliche Form und die Flugeigenschaften werden verbessert. Der Sprinter ist ein Allroundmodell, das man überall und zu allen Zeiten brauchen kann.

1. Ein Bogen von 30 x 35 cm wird in der Mitte gefaltet. Die beiden Längsseiten werden dann zur Mittelfalte nach innen gebracht.

2. Man faltet beide Spitzen entlang der gestrichelten Linie nach innen und wieder zurück.

Der Sprinter kann alles und ist beinahe überall einsetzbar.

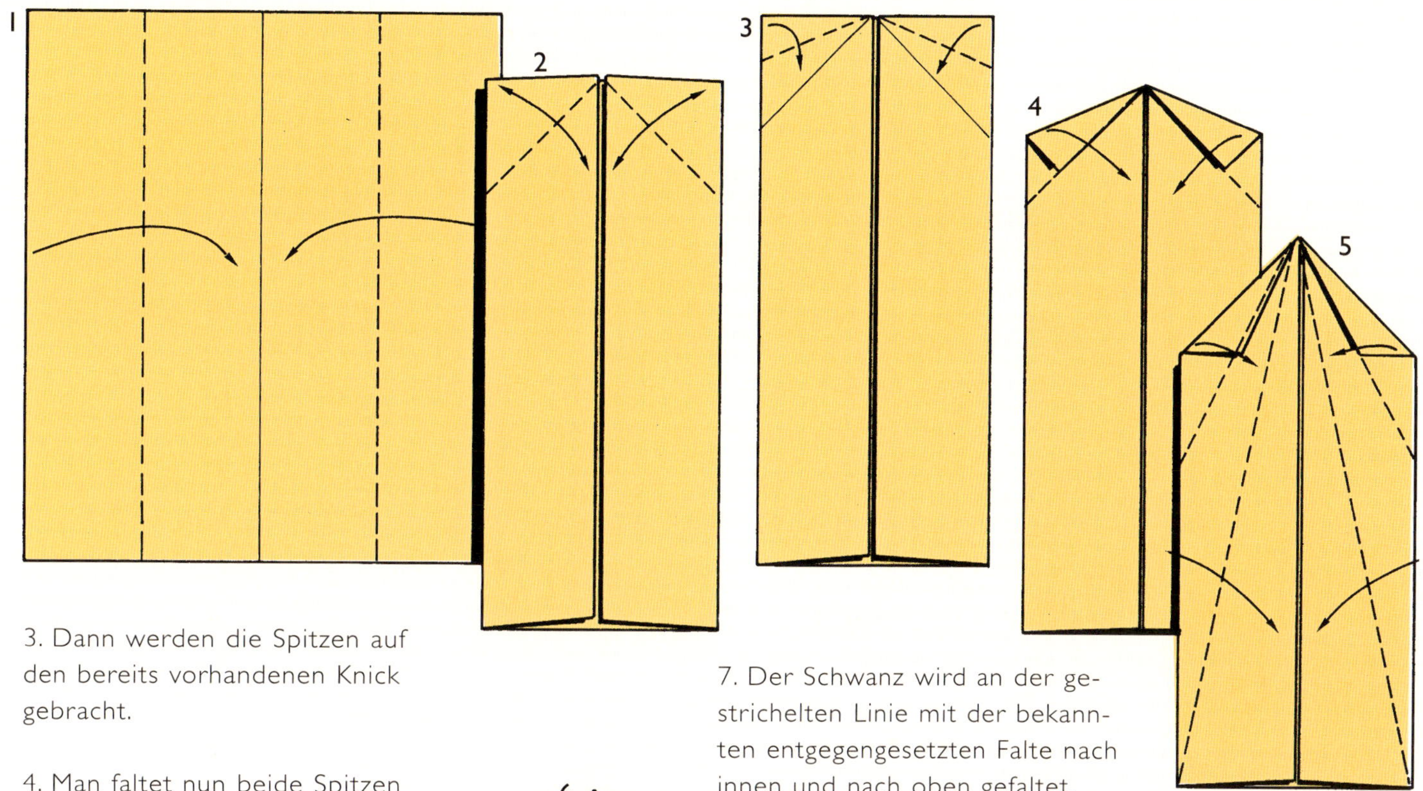

3. Dann werden die Spitzen auf den bereits vorhandenen Knick gebracht.

4. Man faltet nun beide Spitzen noch einmal an der gestrichelten Linie.

5. Beide Seitenkanten werden entlang den angegebenen gestrichelten Linien nach außen und wieder zurückgeknickt, wonach die Spitzen ganz oben zu der entstandenen Falte gebracht werden.

6. Das Ganze wird doppelt zusammengeklappt.

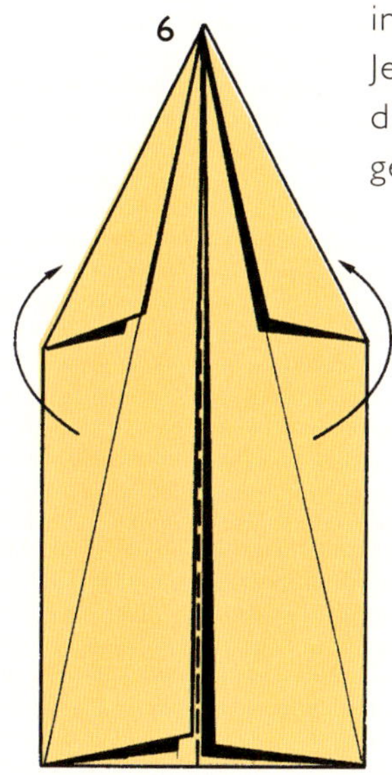

7. Der Schwanz wird an der gestrichelten Linie mit der bekannten entgegengesetzten Falte nach innen und nach oben gefaltet. Jetzt sind nur noch die Flügel auf der bereits vorhandenen Falte geradezubiegen.

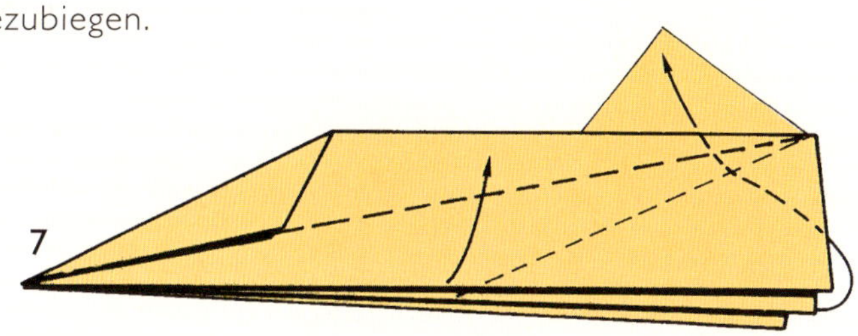

8. Zuletzt wird die Nase an beiden Seiten um den Flügelansatz gefaltet und unterhalb des Rumpfes festgeklebt oder -geheftet. Am hinteren Rand des Flügels können Rollruder angebracht werden. Das ist abhängig davon, wofür und in welcher Kategorie man den Sprinter einsetzen möchte.

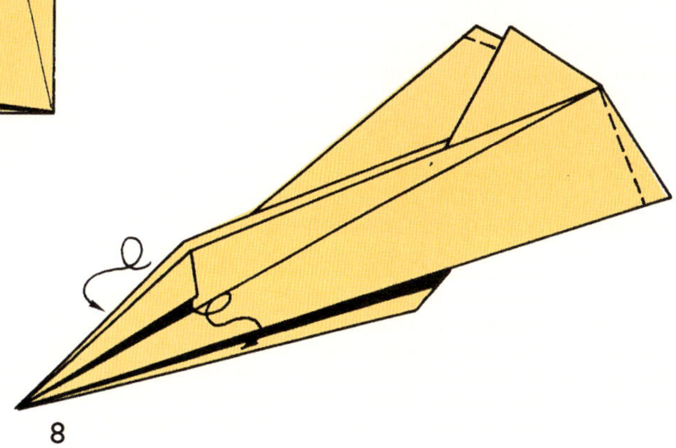

Der Akrobat wurde speziell für die Aufgabe entworfen, dem er seinen Namen verdankt: der Akrobatik. Oder anders ausgedrückt: dem Kunstflug.
Die Kennzeichen eines solchen Kunstflugmodells sind u. a. die schwere Nase, die spezifische Flügelform und die großen Rollruder. Dieses Modell kann auf einer Strecke von fünf bis zehn Meter einen kompletten Rollflug oder Looping machen. Ein doppelter Salto mit rückwärtiger Schraube gehört auch zu seinem Repertoire. Der Akrobat ist schnell und ziemlich einfach herzustellen. Das ist ein Vorteil, denn vor allem beim Kunstflug kann es häufig passieren, daß die Modelle abstürzen, weil sie anmutig vom Kurs abweichen und in einen brennenden offenen Kamin segeln oder weil sie einen Teich mit der Landezone verwechseln und elegant „abtauchen“.

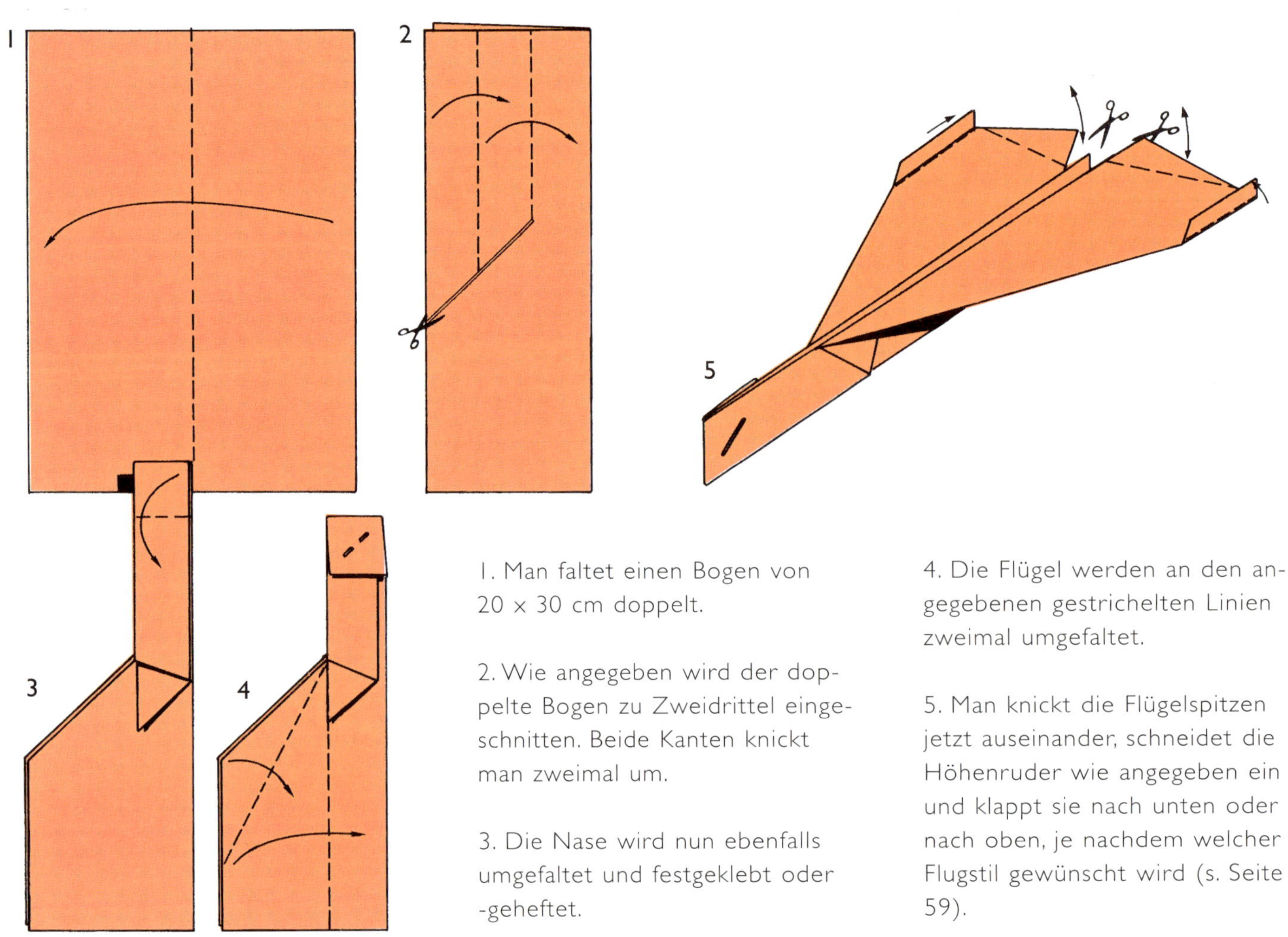

1. Man faltet einen Bogen von 20 x 30 cm doppelt.

2. Wie angegeben wird der doppelte Bogen zu Zweidrittel eingeschnitten. Beide Kanten knickt man zweimal um.

3. Die Nase wird nun ebenfalls umgefaltet und festgeklebt oder -geheftet.

4. Die Flügel werden an den angegebenen gestrichelten Linien zweimal umgefaltet.

5. Man knickt die Flügelspitzen jetzt auseinander, schneidet die Höhenruder wie angegeben ein und klappt sie nach unten oder nach oben, je nachdem welcher Flugstil gewünscht wird (s. Seite 59).

Dieses Modell kann auf einer Strecke von fünf bis zehn Meter einen kompletten Rollflug oder Looping absolvieren.

Dieses Modell ist eigenwillig. Es startet nämlich wie ein schneller Jäger, aber in der Luft entfaltet es seine Flügel, entpuppt sich dann als richtiger Segler und legt durch diese Eigenschaft große Entfernungen zurück. Dadurch eignet sich der Schnellsegler für die Kategorie „größte Entfernung". Es sind aerodynamische Prinzipien, die dafür sorgen, daß der Schnellsegler seine Flügel ausbreitet. Der Schnellsegler ist eines der Modelle, die man mit Wucht abwerfen kann. Man wird bemerken, daß der Flug in zwei Phasen abläuft: Zuerst ein schneller Start und dann ein langer Segelflug, da die Tragfläche enorm vergrößert wird. Der Segler ist außerdem ein ausgezeichneter Kandidat für die Kategorie „Flugdauer": Er gewinnt rasch an Höhe und segelt dann langsam vor der Konkurrenz hinunter.

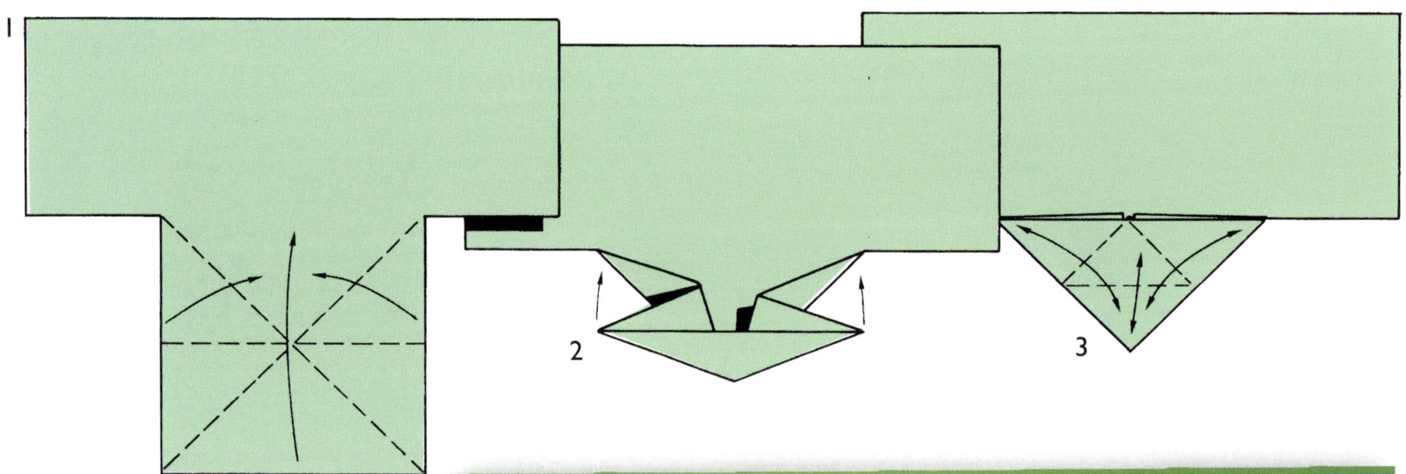

1. Man schneidet einen Bogen Papier von 40 x 40 cm in diese Form. Das unterste Quadrat ist 20 cm breit.

2. Man faltet an den Diagonalen des Quadrats und auf dem Kreuzpunkt der Diagonalen. Die beiden mit einem Pfeil angegebenen Spitzen werden nach innen gefaltet, die Unterkante nach oben, so daß Figur 2 entsteht.

3. Die Spitzen werden jetzt an den gestrichelten Linien hin- und zurückgefaltet.

So sollte Ihr Modell zwischen den Arbeitsschritten 4 und 5 aussehen.

Die Praxis hat gezeigt, daß leichtes Papier bei diesem Modell am geeignetsten ist und die Segeleigenschaften verbessert. Außerdem: Je leichter, desto schneller in der Höhe und desto mehr Chancen auf eine ausgezeichnete Zeit.

Ein eigenwilliges Modell: Der Schnellsegler startet nämlich wie ein schneller Jäger, entpuppt sich aber im Flug als richtiger Segler und legt durch diese Eigenschaften große Entfernungen zurück.

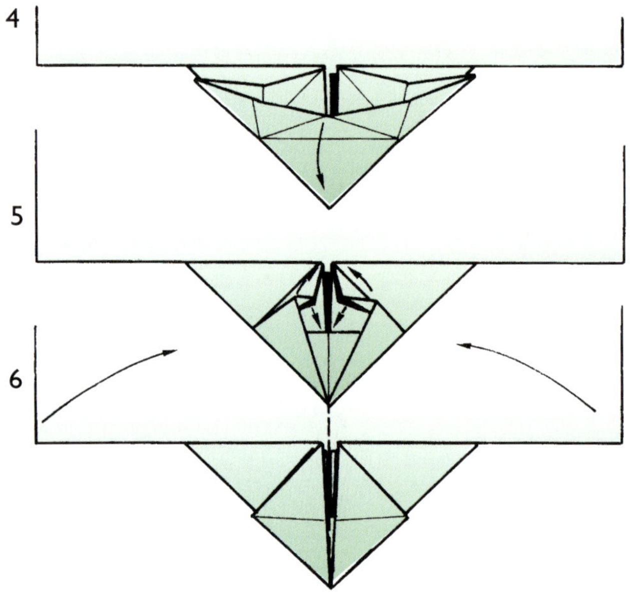

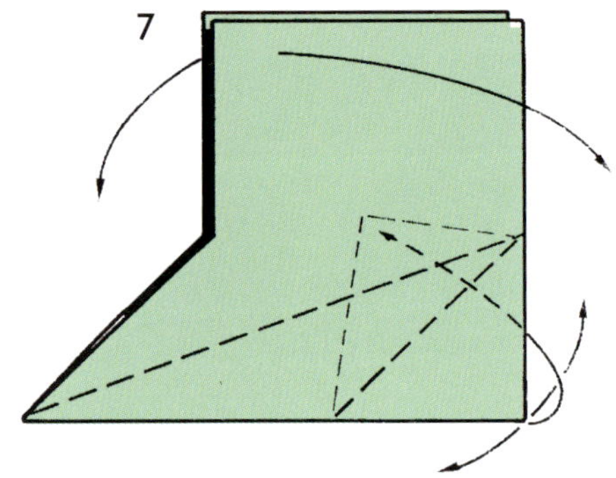

4. + 5. Jetzt wird es kompliziert. Man faltet das Dreieck an der angegebenen Spitze nach unten und gleichzeitig die Figur gemäß der Pfeile nach innen und nach oben. (Dies geht leichter, wenn man das Umfalten der Spitzen in der vorhergehenden Abbildung nach beiden Seiten gemacht hat.)

6. Wenn alles gut gegangen ist, hat man jetzt diese Figur erhalten. Man faltet das Ganze nun an der gestrichelten Linie doppelt.

7. Dann faltet man die unterste Ecke wie durch die gestrichelte Linie angegeben hin und zurück und macht eine entgegengesetzte Falte, um den Schwanz vorzubereiten. Die Flügel werden jetzt an der gestrichelten Linie nach außen umgefaltet.

8. In diesem Stadium brauchen nur noch die Flügelspitzen nach oben geknickt zu werden.

Die Nase des Schnellseglers zwischen den Arbeitsschritten 5 und 6.

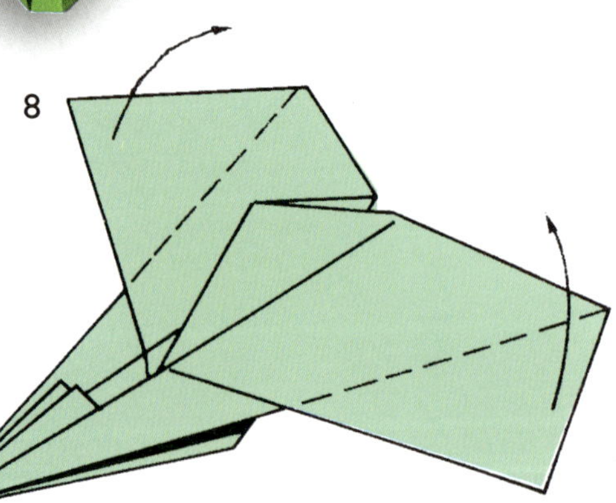

Der japanische Professor und Origamispezialist James M. Sakoda ist der Designer dieses ästhetischen Flugzeugs, das ebenfalls einen Preis beim internationalen Papierfliegerwettbewerb von „Scientific American“ gewann. Es ist gleichzeitig auch ein schönes Beispiel der speziellen japanischen Faltkunst, des Origami. Es ist ein sehr schnelles Flugzeug und ist ausgezeichnet für akrobatische Kunststücke geeignet. Die Sakoda ist nicht schwer zu falten. Vom Äußeren her könnte es der Prototyp für ein neues Überschallflugzeug sein, ein echter Stratosphärenkreuzer.

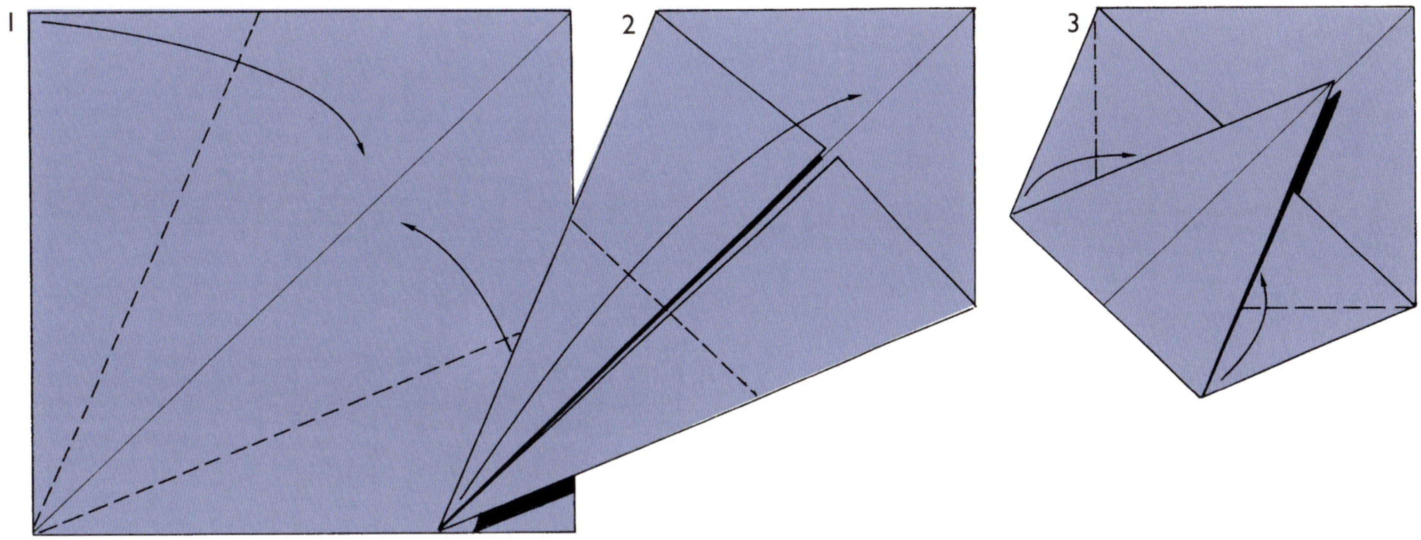

1. Von einem Bogen von 30×30 cm werden zwei Seiten nach innen zur Diagonalen gefaltet.

2. Die entstandene Spitze wird auf der gestrichelten Linie nach oben gefaltet.

3. Man klappt die Seitenkanten nach innen. Sie müssen über die gestrichelte Linie unter die gerade gefaltete Spitze gedrückt werden (s. Abbildung 4).

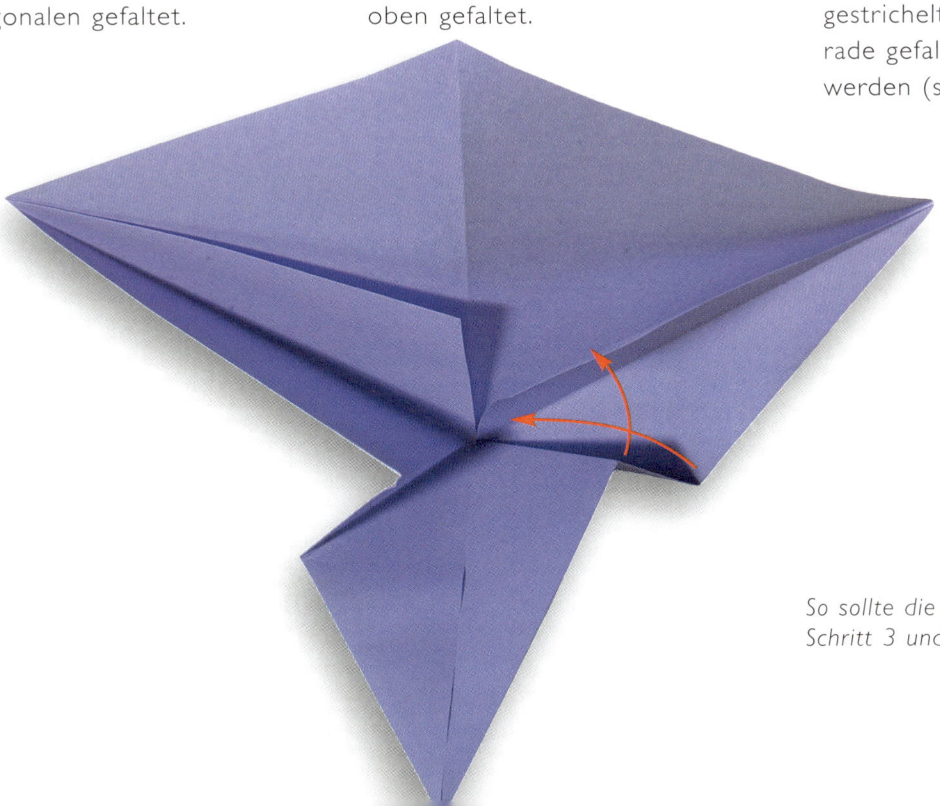

So sollte die Sakoda zwischen Schritt 3 und 4 aussehen.

4

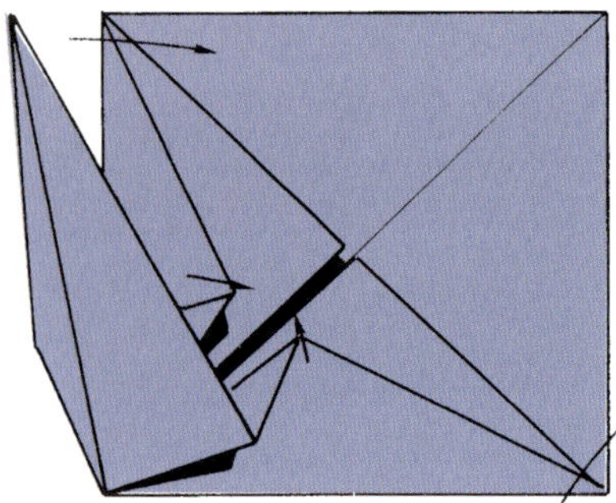

4. Diese Abbildung bringt etwas mehr Klarheit.

5

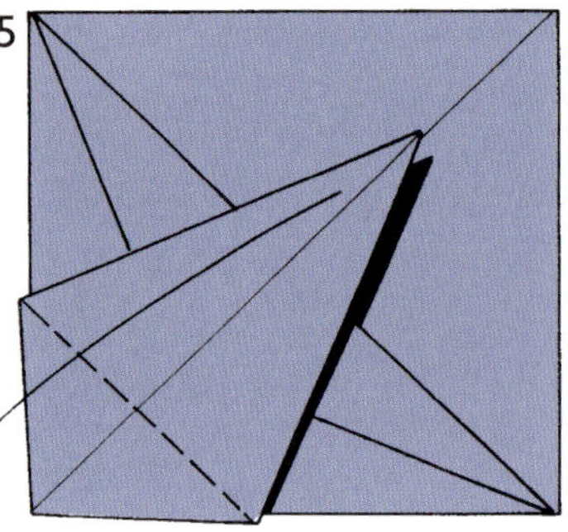

5. Die Spitze wird jetzt auf der gestrichelten Linie wieder zurückgefaltet und die Figur flach gedrückt.

6

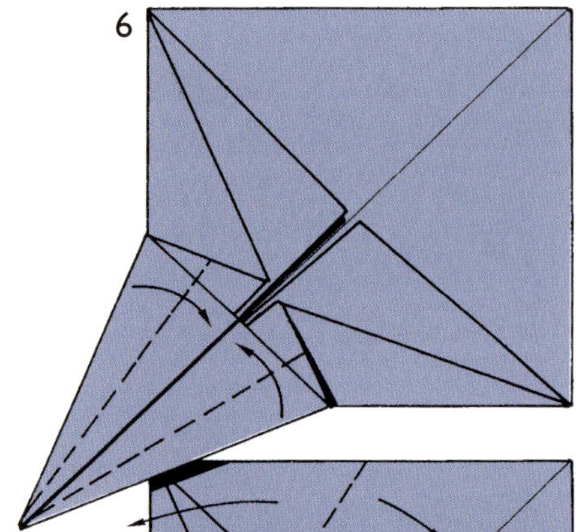

7

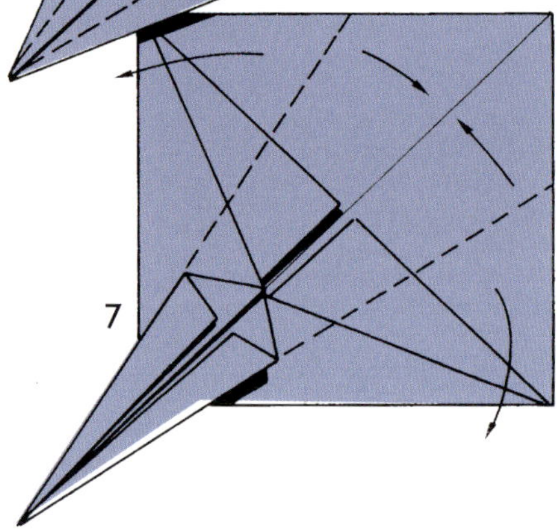

8

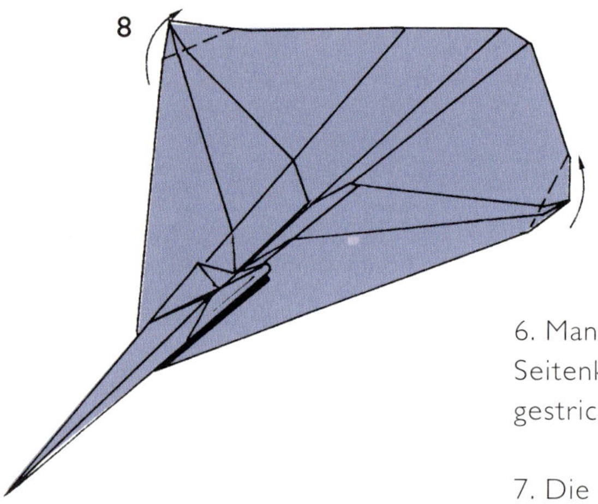

6. Man schlägt die beiden Seitenkanten an der angegebenen gestrichelten Linie nach innen.

7. Die Flügel werden an den gestrichelten Linien nach unten gefaltet und danach das Ganze doppelt auf der Mittelachse.

8. Die Flügelzipfel werden nun, wie angegeben, umgeklappt.

Detail der Flugzeugnase nach Arbeitsschritt 6.

Die Sakoda ist nicht schwer zu falten.

„Kombinieren und deduzieren“, sprach Sherlock Holmes zu seinem etwas trägen Assistenten, als dieser ihn fragte, woraus die Essenz des Detektivfaches eigentlich bestehe. Dasselbe kann auf dieses Modell angewendet werden: eine Kombination aus den Flügeln der Broken Arrow (S. 88) und einem Rumpf, gefaltet nach dem System des Schnellseglers (S. 68). Durch Deduktion auf dem Gebiet der Flugeigenschaften und Kombination kamen wir zur Sherlock Special. So enstand ein Spezialmodell, das die Eigenschaften beider Lieferanten in sich vereint. Ein Flügel mit hoher Tragfähigkeit, ein Rumpf für Segelflüge, das ist die Charakteristik der Sherlock Special. Der Flügel ist eigentlich eine Variation der bekannten Standardfaltmethode. Der Rumpf ist somit auch ein Beispiel dafür, wie man kombinieren kann. Die Flugeigenschaften kann man nicht nur ändern, indem man Rollruder anbringt, sondern auch durch das Kombinieren verschiedener Modelle aus diesem Buch. Die Sherlock Special ist nur eine Möglichkeit. Natürlich lassen sich auch andere Kombinationen realisieren. Probieren Sie es einfach aus.

Ein Flügel mit Tragfähigkeit und ein Rumpf für Segelflüge: die Charakteristik der Sherlock Special.

1

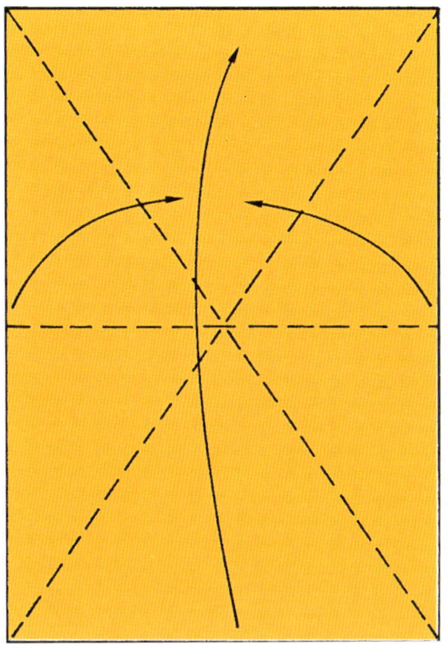

2

3

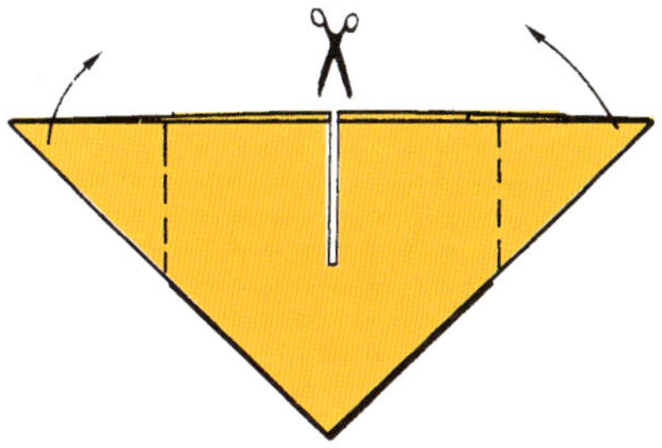

Der Flügel

1. + 2. Der Flügel wird aus einem Bogen Papier von 20 x 35 cm an den angegebenen Linien gefaltet. Dann werden die beiden Spitzen, entsprechend den Pfeilen, erst aufeinander zu und dann aneinander vorbei gefaltet. In der Abbildung ist das deutlicher zu sehen.

3. Aus der oberen Hälfte werden die Flügelspitzen senkrecht gefaltet. Man schneidet, wie angegeben, ein und klebt die Vorderseite des Flügels zusammen.

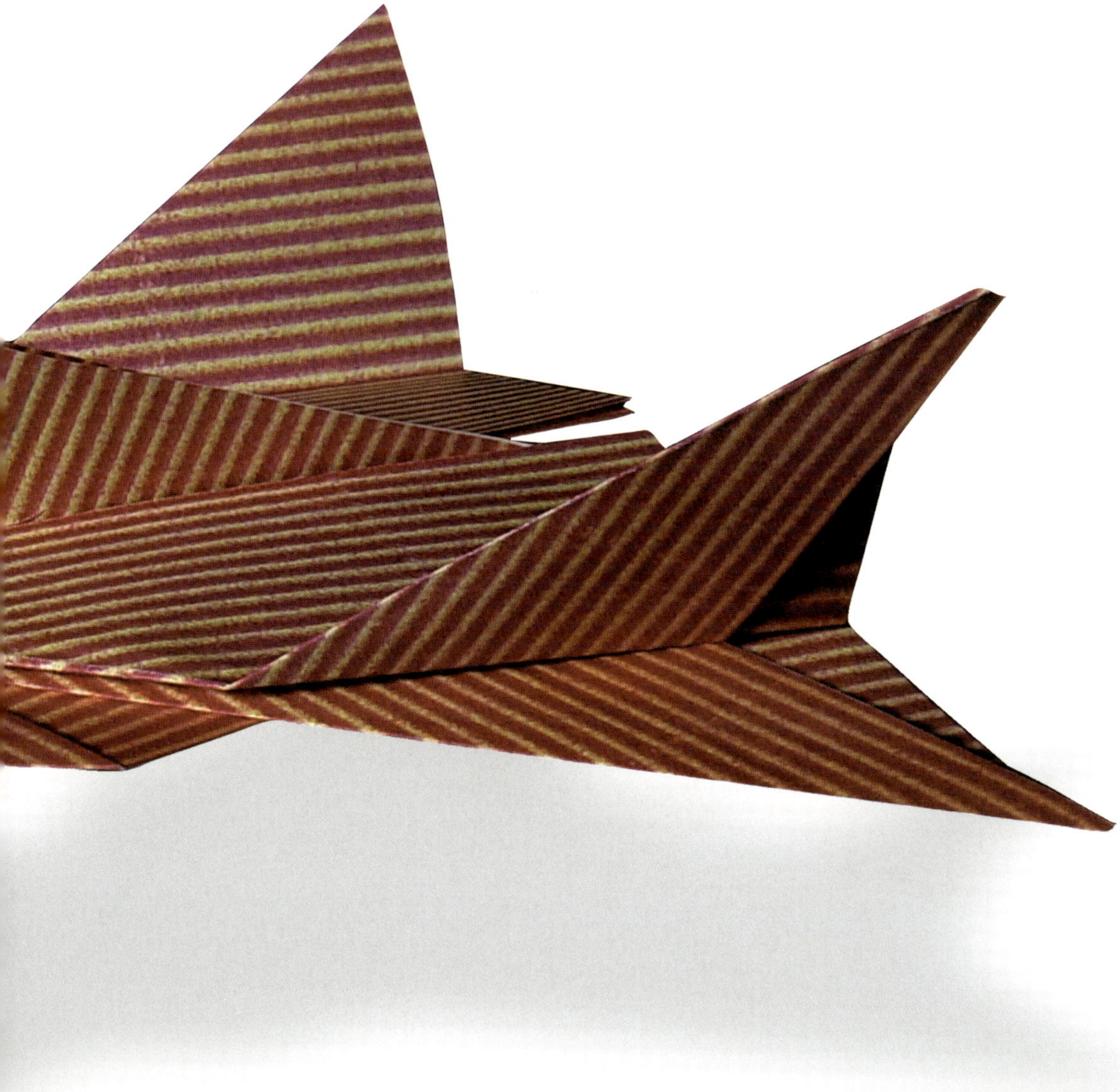

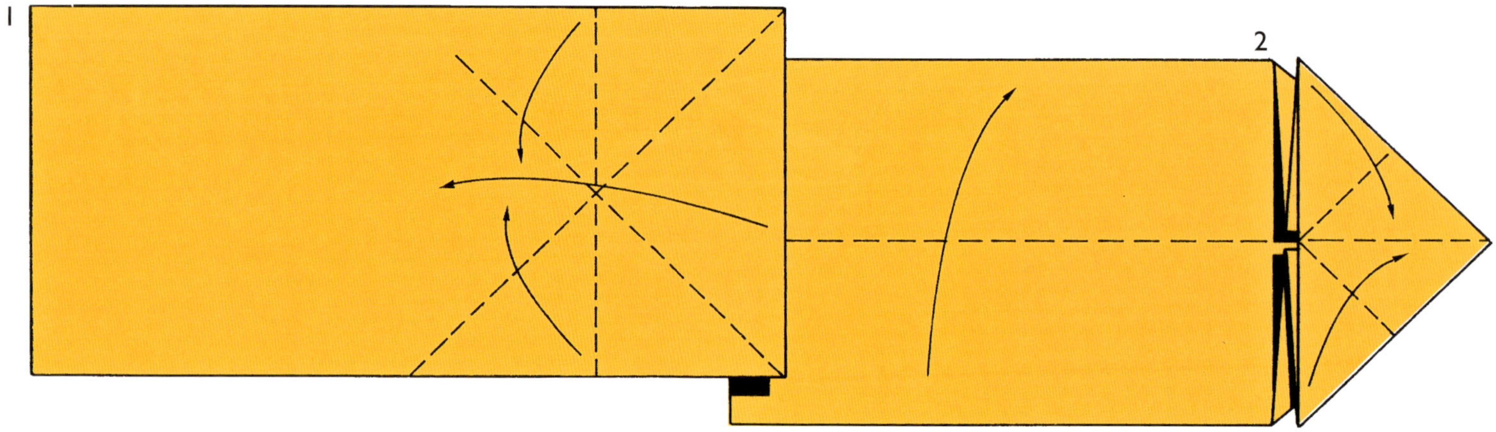

DER RUMPF

1. Man faltet einen Bogen von 20 x 40 cm an den gestrichelten Linien nach demselben Standardprinzip wie bei den Flügeln und bringt die Seitenkanten auf die gleiche Weise aneinander.

2. Die Spitzen des Dreiecks werden an den gestrichelten Linien umgeknickt. Dann wird das ganze Modell doppelt gefaltet.

3. Die Seitenkanten werden auf der gestrichelten Linie nach außen gefaltet.

4. Dieses Prinzip ist inzwischen schon bekannt: Man faltet an der gestrichelten Linie hin und her und klappt das Ganze nach den Pfeilen nach innen – die entgegengesetzte Falte. Die Nase wird mit einer Heftklammer, Tesafilm oder Leim befestigt.

5. Man leimt den Flügel wie in der Abbildung auf den Rumpf. Die Sherlock Special ist für die Erforschung der höheren Luftschichten bereit.

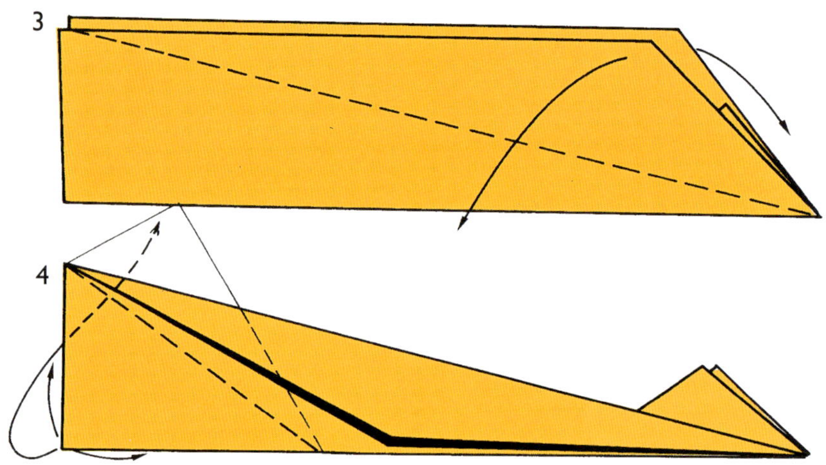

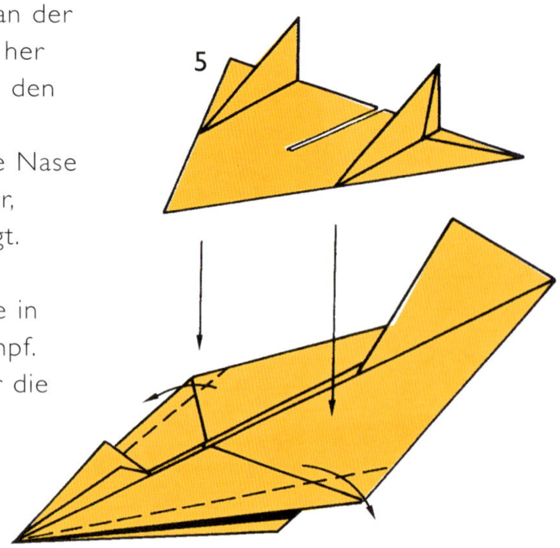

Ein Vorschlag: Man kann aus seiner Sherlock Special eine Sherlock Special One machen, indem man den Rumpf nach unten faltet, wie auf dieser Abbildung. Man suggeriert damit mehr Volumen und imponiert seinem Gegner. Holmes hatte schließlich auch seine Pfeife und seinen markanten Hut.

Auch wenn man in Großbritannien noch nicht auf den Euro umgestellt hat: Die Sherlock Special sieht sehr speziell aus, wenn man sie aus Euroscheinen faltet.

Inzwischen sind wir bei den kombinierten Modellen angelangt und somit ist es nun nur noch ein kleiner Schritt zu den sogenannten „Multiples“. Bestimmte Faltmuster werden wiederholt und aneinandergefügt. Nach allem, was wir bis jetzt gefaltet haben, sind wir nun schon einige Riesenschritte vom herkömmlichen Flugzeugfalten entfernt. Die Sherlock Special bildet die Basis für den Fliegenden Drachen. Das Ergebnis ist jedoch noch um einiges beeindruckender: Wir haben drei Flugzeuge in einem produziert.

Fertig! Der Fliegende Drachen: drei Flugzeuge in einem.

DIE NASE

1.+2. In einen Bogen von 20 x 20 cm werden die Diagonalen und die Querfalte auf die Kreuzung der Diagonalen gemacht. Man faltet das Ganze doppelt. Die oberen Spitzen werden nach unten geknickt.

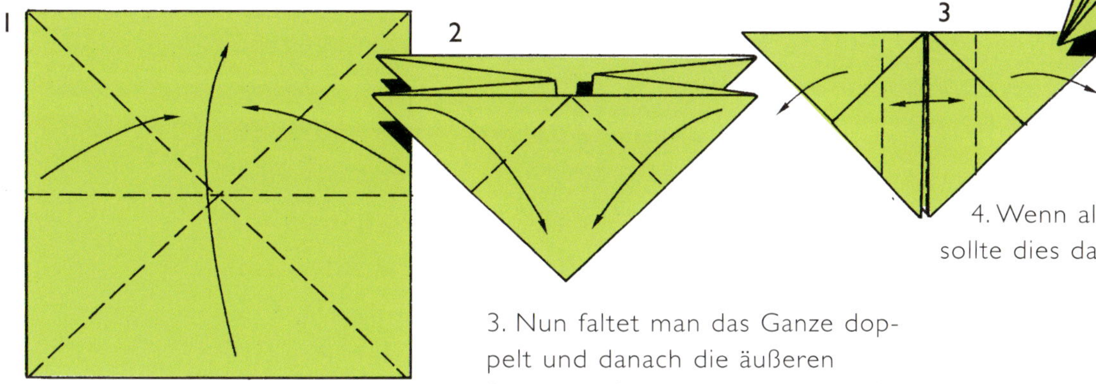

3. Nun faltet man das Ganze doppelt und danach die äußeren Spitzen auf der gestrichelten Linie nach unten.

4. Wenn alles geklappt hat, sollte dies das Endergebnis sein.

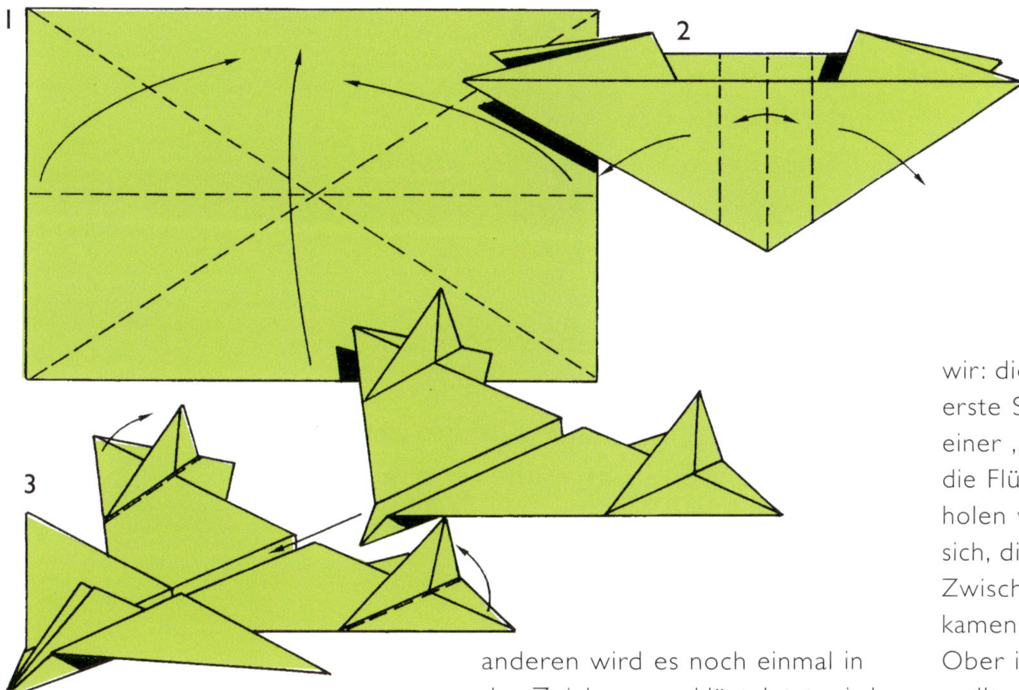

DER FLÜGEL

1. In einen Bogen von 20 x 30 cm werden die Diagonalen gefaltet sowie eine Längsfalte auf der Kreuzung der bereits gefalteten Diagonalen.

2. Man falte das Ganze doppelt. Für den Profi folgt nun eine kurze Zusammenfassung, für die anderen wird es noch einmal in der Zeichnung erklärt. Jetzt wird das Ganze auf den gestrichelten Linien zu einer V-Form gefaltet.

3. Man steckt den Flügel in den bereits gefalteten Rumpf und heftet oder klebt das Ganze so fest, wie es die Abbildung zeigt. Die obere Lage der Flügel wird entlang der gestrichelten Linie nach oben gefaltet. Das nennen wir: die Flügel spitzen. Dies ist der erste Schritt auf dem Weg zu einer „Vervielfachung". Man kann die Flügelprozedur sooft wiederholen wie man will. Es empfiehlt sich, die Flugfähigkeit in den Zwischenstadien zu testen. Wir kamen auf fünf Flügel, aber der Ober im chinesischen Restaurant wollte uns nicht noch mehr Papierservietten zur Verfügung stellen, obwohl er mit uns der Meinung war, daß unsere „Schöpfung" einem fliegenden Drachen gleiche. Das war nach seiner Notlandung in dem Gemüsegericht der Leute, die fünf Tische entfernt saßen. In dem Restaurant herrschte nach diesem Absturz heftiger Flugverkehr bis zur Sperrstunde …

ZUKUNFTSMODELLE

Bevor der Mensch den Luftraum erobert hatte, experimentierte er zuerst mit Papierfliegern. Deshalb ist es nur logisch, daß sich gerade das Papier auch wieder ausgezeichnet für Zukunftsmodelle eignet. In diesem Kapitel wird deshalb eifrig mit verschiedenen Modellen experimentiert. Die Frage ist, ob diese Modelle in der richtigen Größe dieselben Leistungen erbringen würden. Zukunft haben auch die wenig Energie verbrauchenden Antriebsprinzipien der Modelle in diesem Kapitel. Das Katapultflugzeug (S. 81) könnte seinen Nutzen sicher auch einmal in der Praxis beweisen, ebenso wie die neue Ausführung des Hubschraubers (S. 90). Neue Namen und neue Typen: Die Broken Arrow und der Fliegende Fisch bieten ein völlig neues Konzept in der Flugwelt. Zukunftsmusik? Natürlich, aber man sollte bei alledem nicht vergessen, daß es Jahre dauerte, um die Concorde zu entwerfen, und daß dieses Überschallflugzeug, als es endlich fertig war, ganz genau einem bekannten Papierflugzeug glich. Warum sollte sich die Geschichte nicht noch einmal wiederholen? Vier Modelle folgen jetzt. Es sind wieder Grundentwürfe, d. h. also, daß man damit weiterexperimentieren oder Veränderungen anbringen kann, wenn man meint, daß das Modell dadurch noch besser wird. Und vielleicht sieht man in vierzig Jahren, wie weit man seiner Zeit voraus war.

Der Fliegende Fisch (S. 86).

Schnelligkeit ist die Stärke des Katapultflugzeuges, seine Abschußvorrichtung die Geheimwaffe, obwohl sein Name Spione der anderen Seite auf Ideen bringen könnte. Denn genauso wie früher Papierkügelchen mit Hilfe eines Gummis im Klassenzimmer an die Tafel geschossen wurden, wird jetzt das Katapultflugzeug abgeschossen. Davon kann man Blasen am Daumen bekommen. Diesmal jedoch nicht von einer Strafarbeit, sondern wegen eines großen Vergnügens. Das Katapultflugzeug ist ein Zukunftsmodell, weil man sich nicht vorstellen kann, daß diese Abschußtechnik je in Wirklichkeit angewendet wird, denn dafür bräuchte man sehr große Gummibänder. Bei diesem Katapultflugzeug ist sehr dünnes Papier erforderlich.

Das Katapultflugzeug: Man kann Blasen am Daumen bekommen.

1

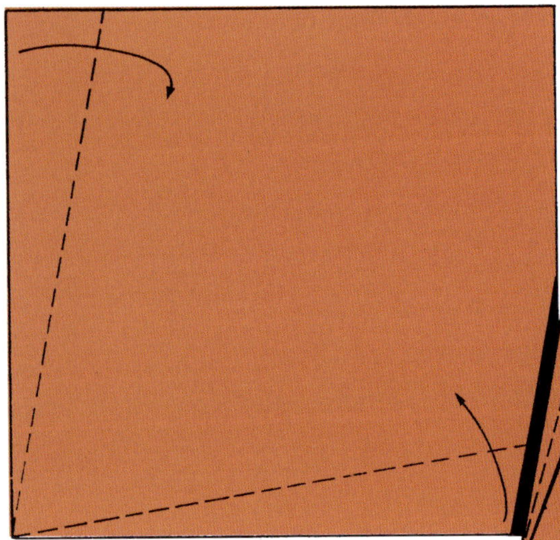

2

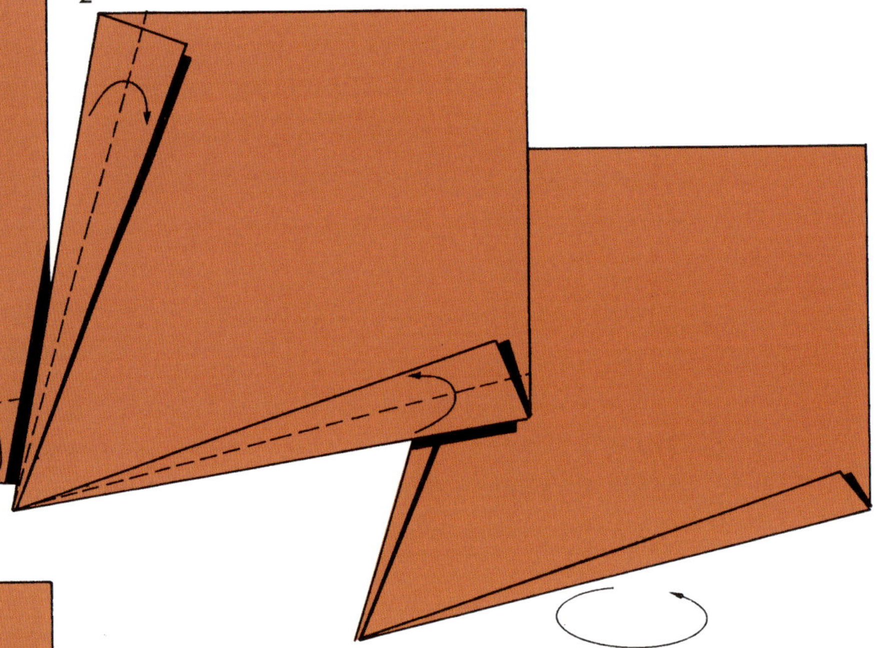

3

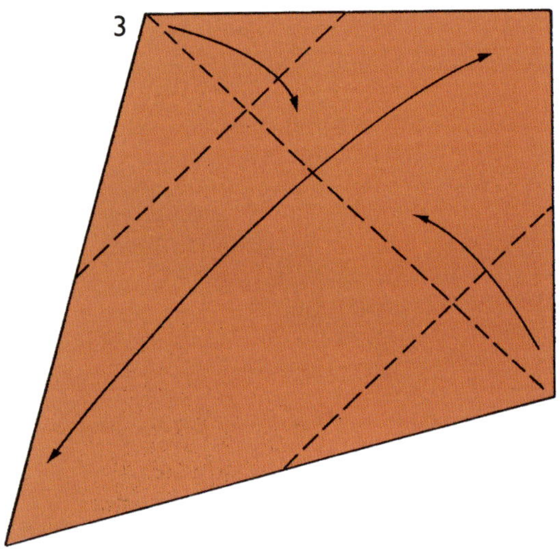

4

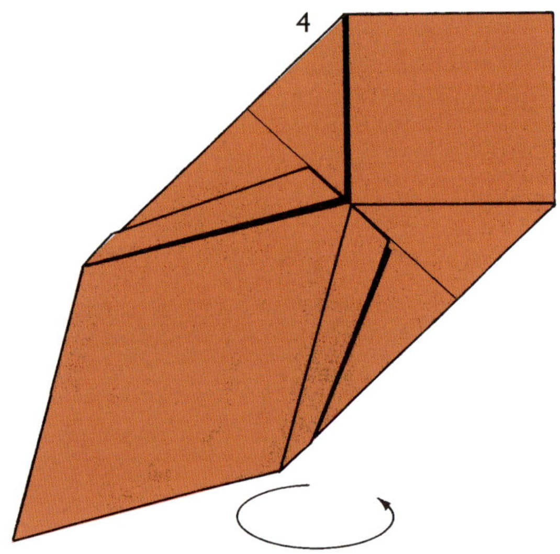

Der Rumpf

1. Man faltet die beiden Seitenkanten eines Bogens von 20 x 20 cm an den gestrichelten Linien um …

2. … und wiederholt das Ganze noch einmal, wie in der Abbildung angegeben. Nachdem man das untenstehende Resultat erhalten hat, dreht man das Ganze um.

3. Man faltet entlang der diagonalen gestrichelten Linie und klappt dann wieder auf. Nun werden die beiden Seitenkanten nach innen gefaltet.

4. Wenn es wie hier gezeigt aussieht, wird das Ganze erneut umgedreht.

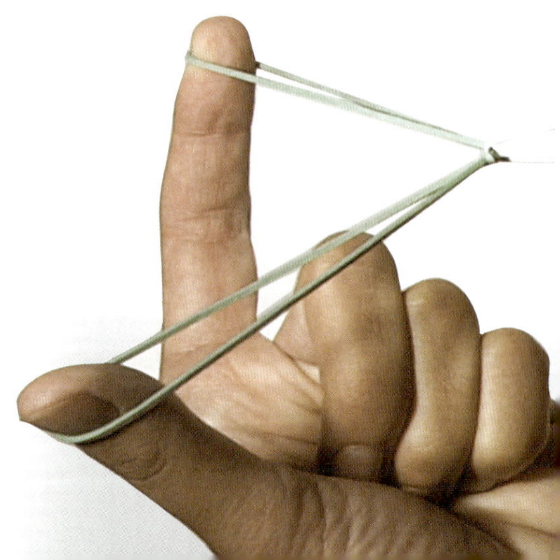

5
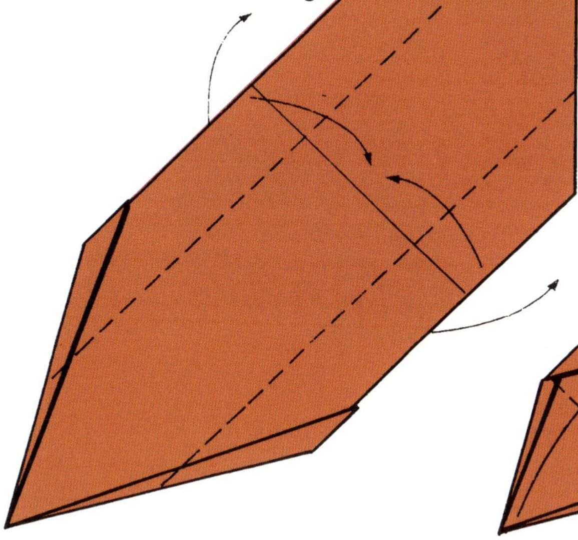
6

7
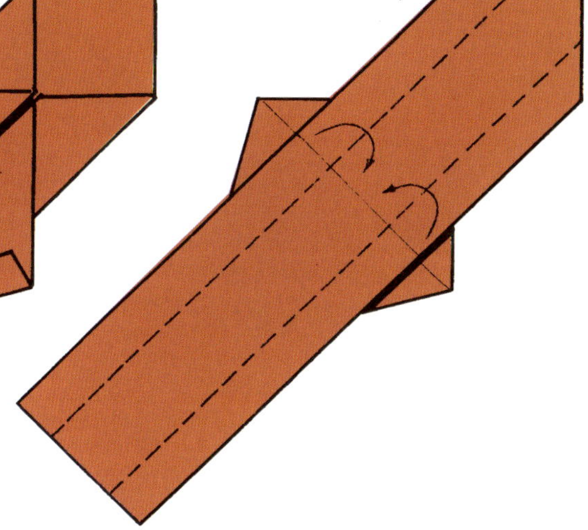

5. Während man die beiden Seitenkanten nach innen knickt, faltet man gleichzeitig die Klappen darunter nach außen (s. Pfeile zur Verdeutlichung).

6. Die Nasenspitze wird an der gestrichelten Linie nach oben und nach innen gefaltet und die Figur wird noch einmal umgedreht.

7. Dann faltet man an den angegebenen Linien und den Pfeilen entsprechend um.

Die Büroklammer in der Flugzeugnase erspart Schweißtropfen, Verwünschungen und schlechte Laune.

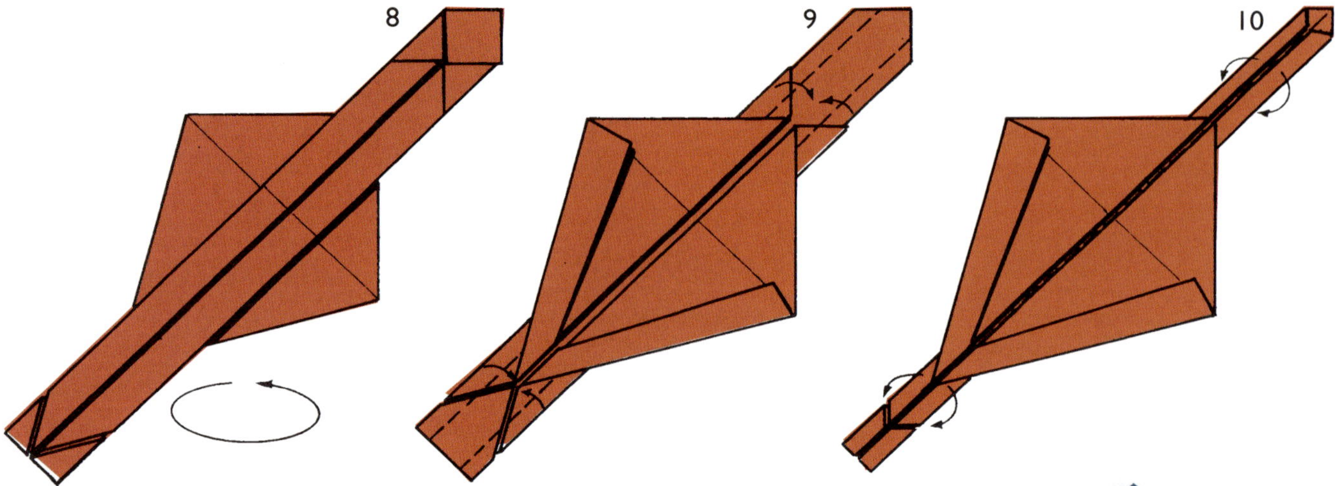

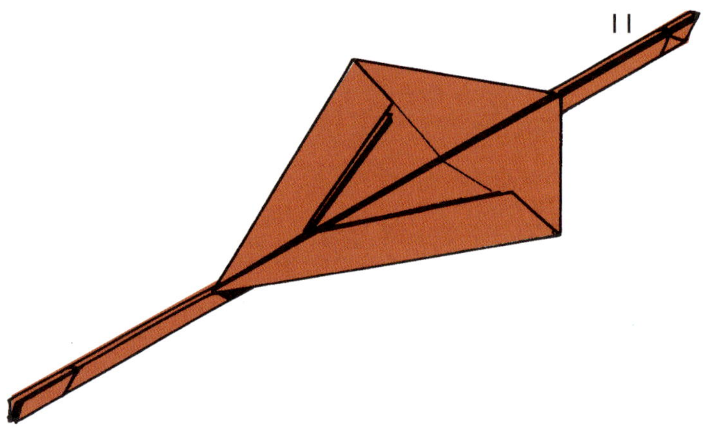

8. Danach wird die Figur wieder umgedreht.

9. Wenn man diese Figur erhalten hat, darf man sich auf die Schulter klopfen, bevor man die Seitenkanten den Pfeilen nach unter die Flügel umfaltet.

10. Man faltet den Rumpf an der gestrichelten Linie doppelt.

11. Jetzt kommt die Fummelarbeit. Der Rumpf ist fertig, wir brauchen nur noch eine Spitze an der Nase zu falten, mit der das Katapultflugzeug abgeschossen werden kann.

Nach Arbeitsschritt 6: Wenn es wie hier gezeigt aussieht, wird das Ganze erneut umgedreht.

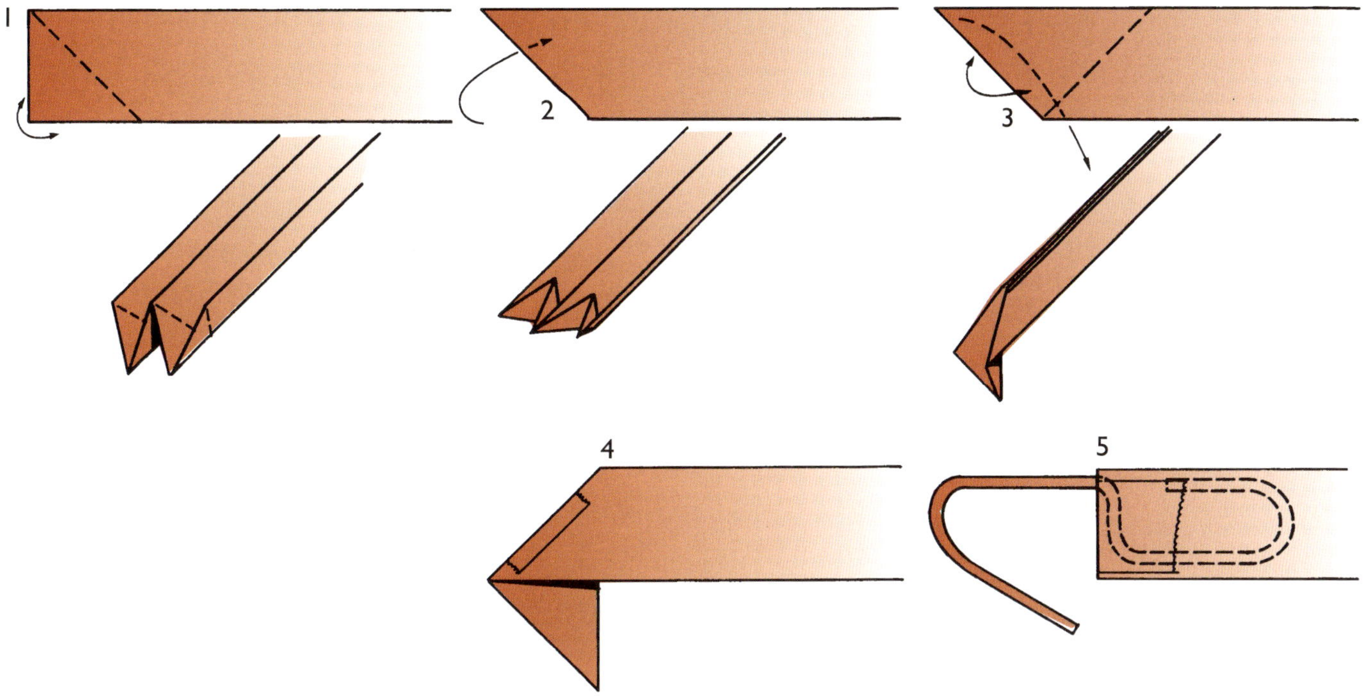

DIE NASE

1. Man faltet die Spitze an der gestrichelten Linie hin und her.

2. Anschließend werden die beiden Spitzen nach innen gedrückt.

3. Dann faltet man die erhaltene Spitze an der gestrichelten Linie hin und her und drückt diese wieder nach unten.

4. Die Oberkante der Nase wird mit einem Stückchen Tesafilm festgeklebt.

5. Wie schon gesagt: eine ganz schöne Fummelarbeit, aber letztendlich mit einem verblüffenden Ergebnis. Oder ging es Ihnen beim Machen der Nase genau wie uns: Nach all diesem Gefummel wurde das Papier zu zerknittert, um noch eine Form daraus machen zu können. Besser ist es dann, zu 11. zurückzukehren. Man steckt einfach eine auseinandergebogene Büroklammer in die Nase und klebt diese mit durchsichtigem Tesafilm oder einem Tropfen Leim fest. Es ist natürlich nicht originell, aber es erspart jedenfalls Schweißtropfen, Verwünschungen und schlechte Laune!

Das Katapultflugzeug wird mit einem Gummi abgeschossen. Man kann es tun, indem man ein Gummiband zwischen Daumen und Zeigefinger spannt und das Flugzeug auf die allseits bekannte „Kügelchenmethode" abschießt. Professioneller ist es, das Gummiband an einem Stöckchen mit Tesafilm zu befestigen. Man hat dann mehr Spannung, da das Gummiband doppelt ist. Zudem hat das Stöckchen den Vorteil, daß man dem Katapultflugzeug damit eine Schleuderbewegung mit auf die Reise geben kann.

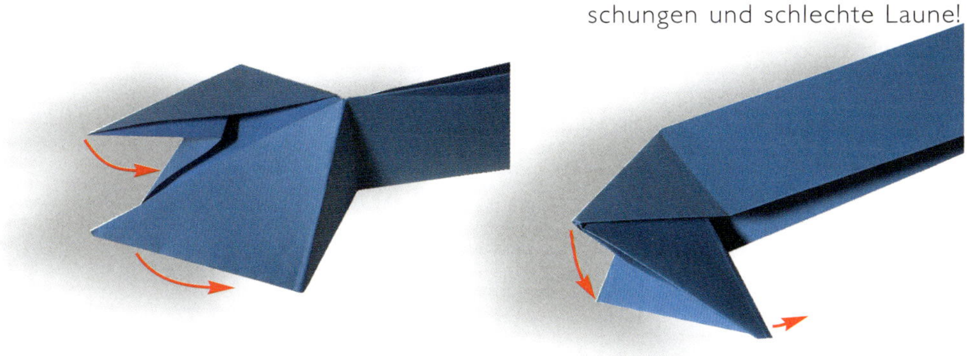

Die Nase: Eine ganz schöne Fummelarbeit, aber letztendlich mit einem verblüffenden Ergebnis.

Dieser merkwürdig aussehende Fliegende Fisch ist das Feinste vom Feinen. Von der Form her kombiniert er die Eigenschaften des Flugzeugs und des Fisches – daher der Name. Die Flugleistungen sind außerordentlich gut. Dieses Zukunftsmodell könnte in der Praxis in bezug auf die Formgebung aus dem Meer auftauchen und sich in beiden Elementen – Wasser und Luft – wohl fühlen. Wir kennen dieses Flugzeug bereits aus Science-fiction-Serien, aber hier wird es papierne Realität. Die Faltmethode ist anders als gewöhnlich: Das Ganze wird erst vorgefaltet, danach wird der Fliegende Fisch in einem Zug ineinandergesetzt. Wenn man die Nase anmalt, kann man hübsche Effekte erzielen. Der Fliegende Fisch zeichnet sich durch einen charakteristische Flugbahn aus, die man erreichen kann, wenn die Höhenruder in der richtigen Position stehen.

Der Fliegende Fisch zeigt eine ganz besondere Flugbahn. Der Flieger kombiniert die Eigenschaften eines Flugzeuges und eines Fisches.

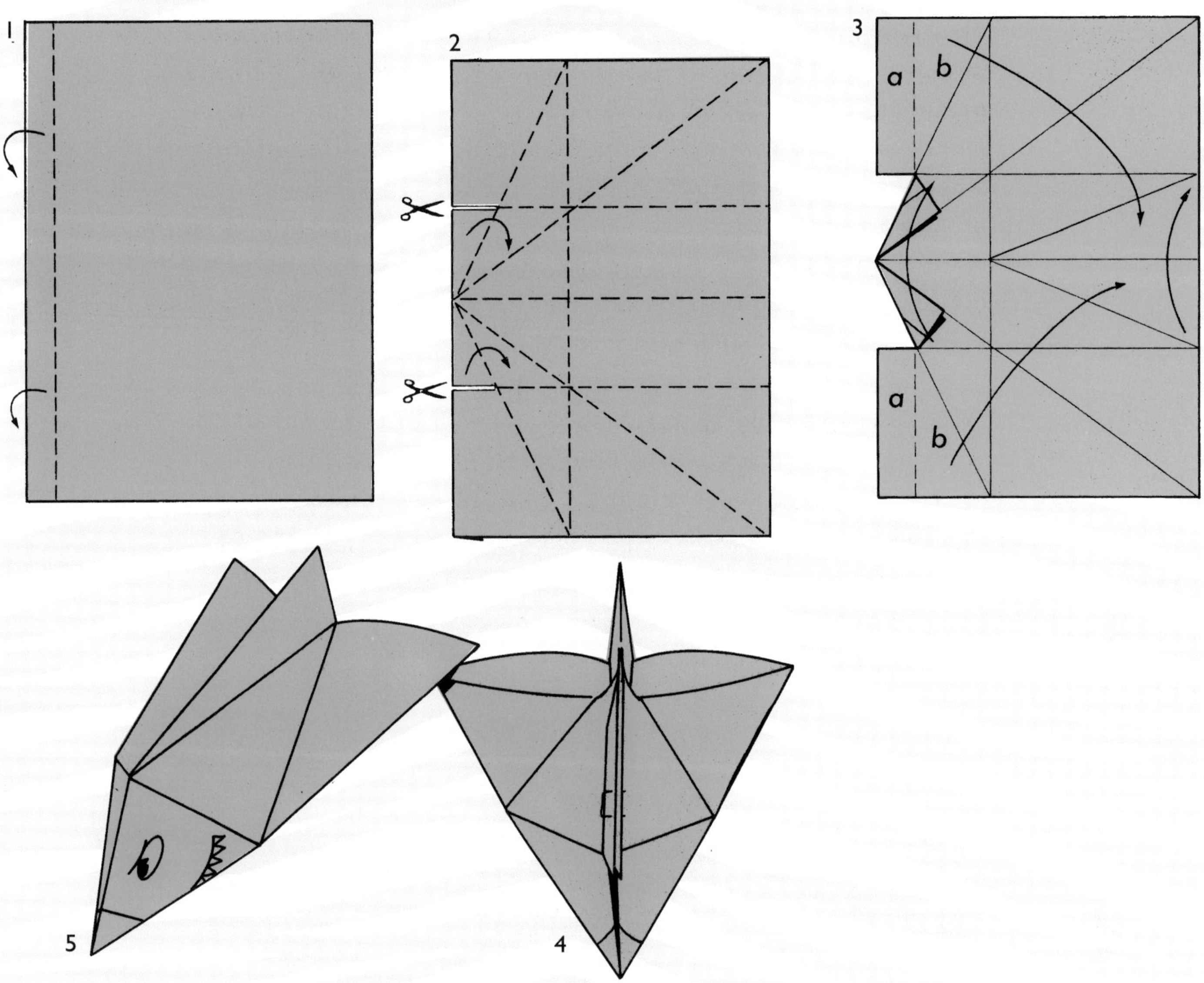

1. Man faltet von einem Bogen von 20 x 30 cm einen Rand von 2 cm um und klebt ihn anschließend fest.

2. An allen angegebenen Linien wird doppelt gefaltet. Das sollte in jedem Fall so gewissenhaft wie möglich erfolgen, denn es erleichtert das Ineinanderfalten im Endstadium. Man schneidet an den angegebenen Stellen die linke Seite ein, faltet anschließend diese Einschnitte um und leimt sie fest.

3. Nun wird das Ganze ineinandergesetzt. Man drückt die Dreiecke „b" gegeneinander und unter dem, was der Schwanz werden soll, entlang. Man wird es nicht glauben, aber hierdurch entsteht aus dem Nichts eine futuristische Form, die durchaus reelle Chancen hat, auch einmal in der Wirklichkeit ausgeführt zu werden. Die Flächen „a" werden jetzt aneinandergeheftet oder -geklebt.

4. Zur Verdeutlichung zeigt diese Abbildung die Ansicht von unten.

5. Der Fliegende Fisch könnte in der Tradition der Jagdflieger aus dem 2. Weltkrieg sehr gut mit einem Gesicht angemalt werden. Hier ein Beispiel.

Praktisch veranlagte Väter machten in unseren Kinder- und Jugendjahren Hula-Hoop-Reifen aus PVC-Röhren. Und aus einem abgeschnittenen PVC-Rohr ließ sich mit Hilfe zweier Streichholzschachteln und zweier Gummis ganz flott ein doppelläufiges Pfeilabschußgerät basteln. Die Pfeile ließen sich am besten mit Papier aus Frauenzeitschriften oder Donald-Duck-Comicheften drehen (obwohl letzteres beinahe zu schade war). Der professionelle „Pfeiledreher" riß sein Papier an einem Lineal entlang in Rechtecke, der ausgefranste Rand ließ sich mit etwas Spucke ausgezeichnet kleben.

Die Broken Arrow basiert auf dem alten Pfeil aus Papier. Ein PVC-Rohr ist nicht nötig, wohl aber eine hohe Abwurfstelle. Die Broken Arrow fliegt ausgezeichnet, obwohl man ihr das auf den ersten Blick kaum zutrauen würde.

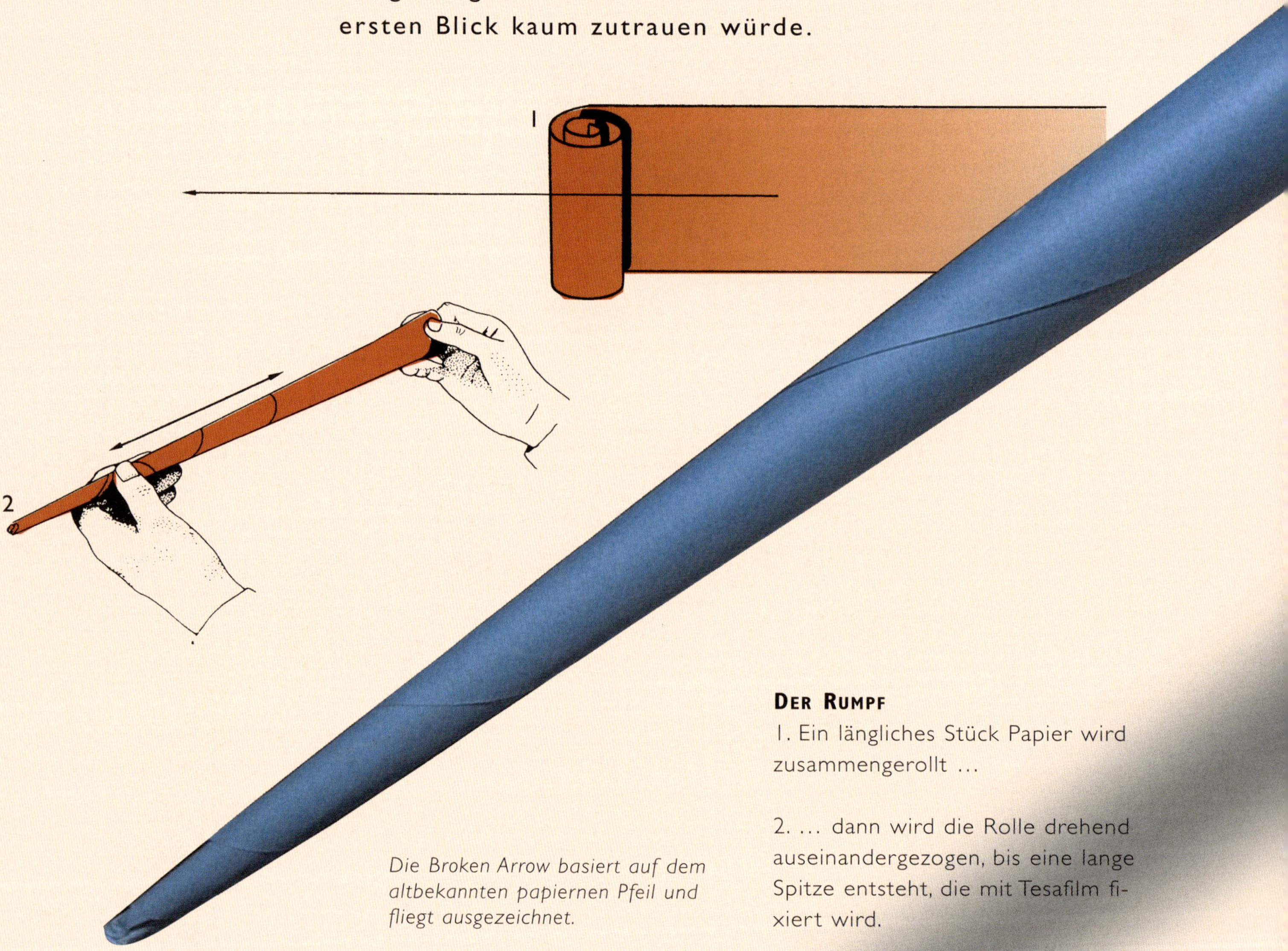

Die Broken Arrow basiert auf dem altbekannten papiernen Pfeil und fliegt ausgezeichnet.

Der Rumpf

1. Ein längliches Stück Papier wird zusammengerollt …

2. … dann wird die Rolle drehend auseinandergezogen, bis eine lange Spitze entsteht, die mit Tesafilm fixiert wird.

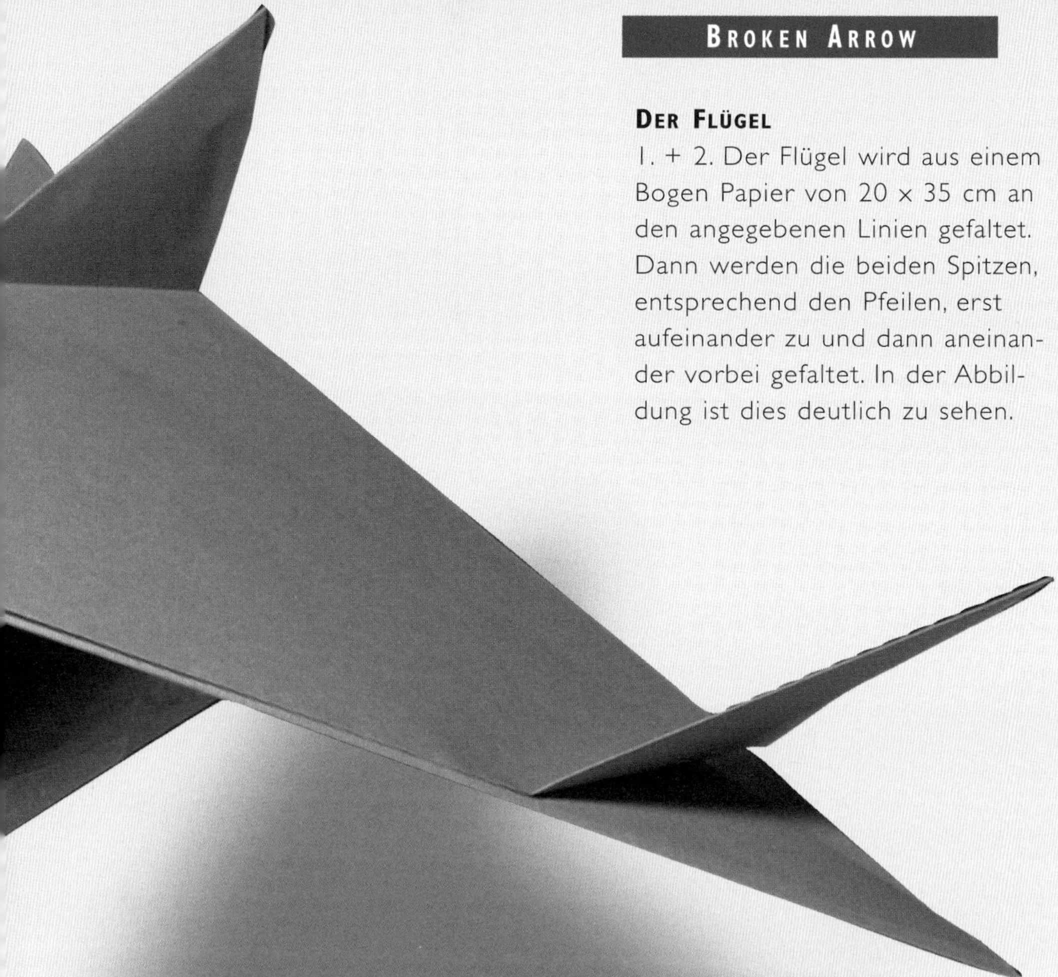

DER FLÜGEL

1. + 2. Der Flügel wird aus einem Bogen Papier von 20 x 35 cm an den angegebenen Linien gefaltet. Dann werden die beiden Spitzen, entsprechend den Pfeilen, erst aufeinander zu und dann aneinander vorbei gefaltet. In der Abbildung ist dies deutlich zu sehen.

3. Aus der oberen Hälfte werden die Flügelspitzen dann senkrecht gefaltet.

4. Die Unterkante des Flügels wird wie hier gezeigt auf dem Pfeil mit Tesafilm oder besser schnell trocknendem Leim befestigt. Es kann notwendig sein, den Pfeil erst von oben etwas einzuschneiden, um die richtige Ecke und eine flache Befestigungsoberfläche zu erhalten.

1

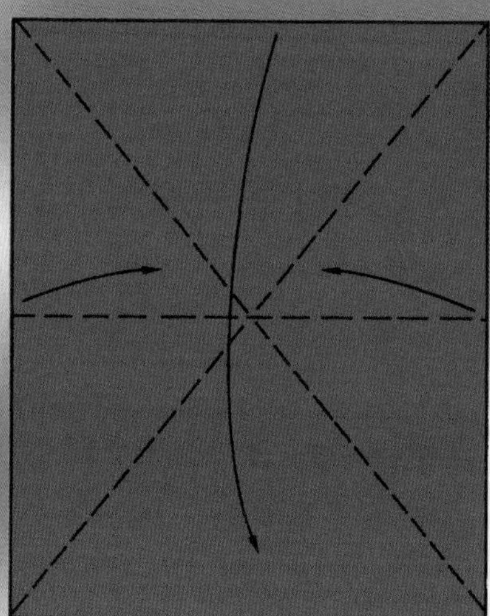

2

3

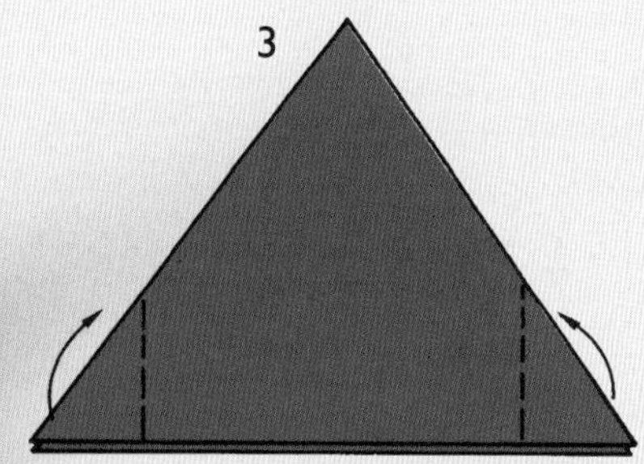

4

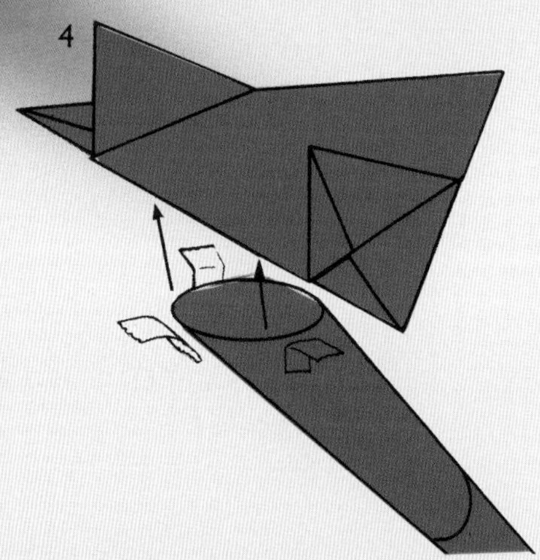

Das Ganze muß man jetzt von einer ziemlichen Höhe hinunterfallen lassen. Nicht werfen! Die Treppe eignet sich hierfür gut. Lustiger wird es, wenn man unten an der Treppe Ziele markiert hat, die erreicht werden sollen. Eine vertikale Ausführung des bekannten Pfeilspiels. Dafür eignet sich die Broken Arrow am allerbesten.

Der Papierhubschrauber ist ein Gyrokopter, der Vorläufer des Hubschraubers. Er ist sehr leicht zu falten und verblüfft durch seine besondere Flugbahn. Je höher die Abwurfstelle, desto besser das Resultat.

Wahrscheinlich ist dieses Modell am leichtesten zu falten, es zeigt dabei jedoch die interessanteste Flugbahn. Der Papierhubschrauber, ein weiteres Modell des internationalen Papierfliegerwettbewerbs von „Scientific American“, ist ein richtiger Hubschrauber in der Hinsicht, daß er nach denselben Prinzipien funktioniert. Genauer betrachtet ist der Papierhubschrauber ein Gyrokopter, der Vorläufer des Helikopters. Das war ein Flugzeug mit kleinen Flügeln und einem Rotor, der nur der Tragfähigkeit diente. Dieses Prinzip wurde zur Seite gelegt, als der Hubschrauber erfunden wurde. Unser Papierhubschrauber kann, wenn er von einem sehr hohen Punkt losgelassen wird, einige hundert Meter ohne Energieverbrauch zurücklegen und sein Rotor arbeitet genauso wie bei einem richtigen Hubschrauber. Es wäre denkbar, daß in Zukunft der vertraute Fallschirm durch ein Modell des Papierhubschraubers – in der richtigen Größe – ersetzt wird. Obwohl der Gyrokopter seit langen Jahren verschwunden ist, hauchen wir ihm mit diesem papiernen Modell wieder neues Leben ein. Wer weiß, was die Zukunft bringen wird …

1

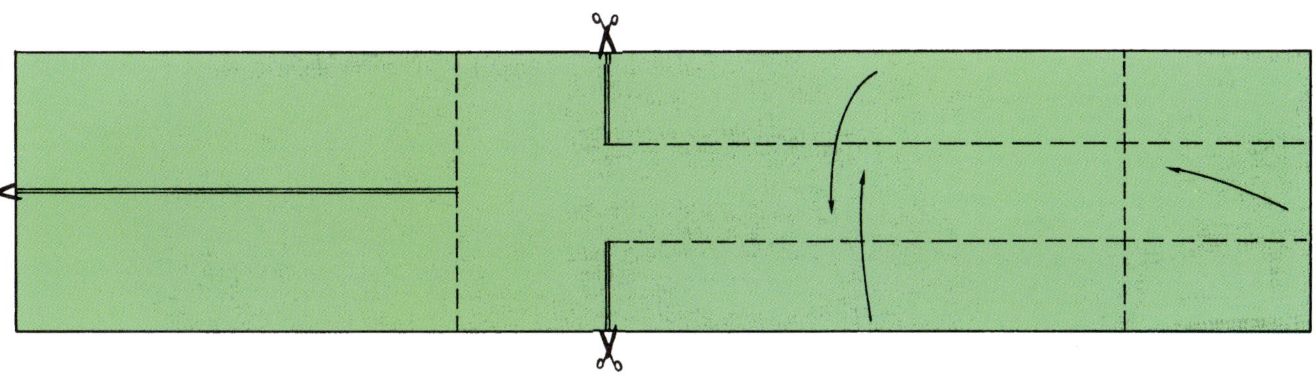

2

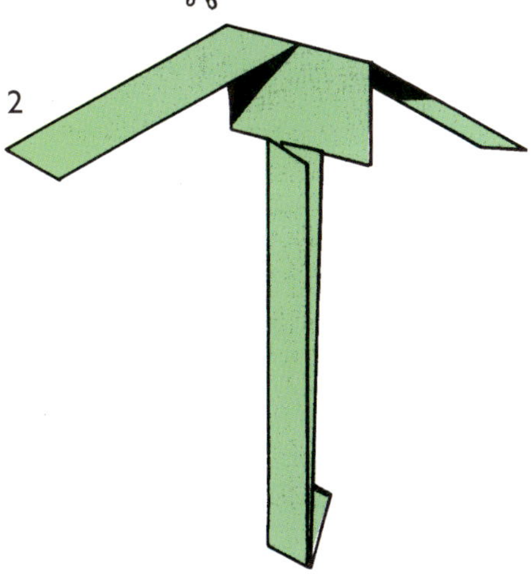

1. Man schneidet ein Rechteck von 30 x 7 cm an den drei angegebenen Stellen ein und faltet die beiden Klappen an der linken Kante auseinander. Vom rechten Teil werden die Seitenkanten auf den gestrichelten Linien nach innen gefaltet, wonach man die Unterseite an der gestrichelten Linie nach oben faltet.

2. Man kann das Ganze festkleben oder -heften. Der Papierhubschrauber ist nach diesen wenigen Handgriffen gebrauchsfertig. Er sollte aus ziemlicher Höhe gerade nach unten fallengelassen werden.

ABWEHRGESCHÜTZE

Die Urform aller Papierflieger ist wahrscheinlich das Abschießen von Papierkügelchen und -krampen. Ein beliebter Zeitvertreib in vielen Klassenzimmern. Manchmal war es auch eine ausgezeichnete Methode, um Spickzettel zu transportieren, eine Methode, die heutzutage, da es Schulcomputer und Multiple-choice-Verfahren gibt, in Vergessenheit geraten sein dürfte. Krampen können aus allem gemacht werden, die Papiersorte und -größe spielen keine Rolle, obwohl sich eine zusammengefaltete Zeitung nur schwer mit einem Gummi abschießen läßt. Wir verwenden die klassische Krampe für ein neuartiges Papierflugzeug: das Abwehrgeschütz. Geeignet für ein Spiel, das am besten in Gruppen gespielt werden kann: Eine Gruppe versucht, so viele Papierflugzeuge wie möglich von Punkt A nach Punkt B zu fliegen. Und die andere Gruppe versucht, dies mit Hilfe des Abwehrgeschützes zu verhindern.

Eine mutige Krampe fliegt einen gezielten Angriff auf die Schnellsegler der gegnerischen Gruppe.

Jedes Flugzeug, das unversehrt bei Punkt B ankommt, gewinnt einen Punkt und jedes Flugzeug, das abgeschossen wird, bringt einen Punkt für den Gegner. Je größer die Gruppen, desto lustiger wird es. Dann muß man sich nämlich eine Taktik ausdenken: Wie kann der Feind am besten überrascht werden? Indem man tief über den Boden fliegt oder im Gegenteil sehr hoch? Es ist klar, daß sich dann die Krampen-Batterie verdeckt aufzustellen hat und mit einem Schlag die Anzahl der überfliegenden Flugzeuge dezimieren sollte. Man sieht: Möglichkeiten gibt es genug!

1

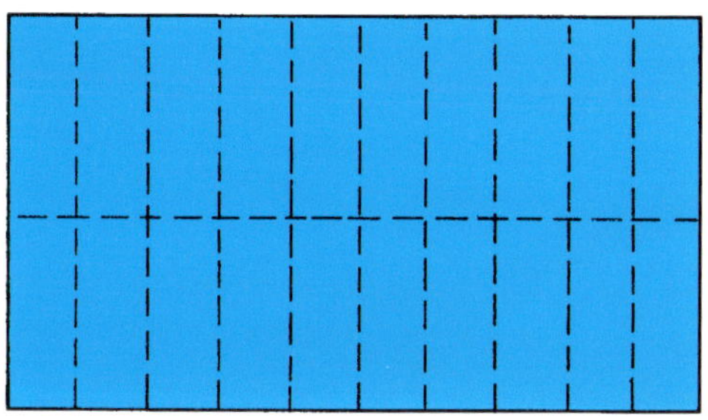

2

1. Man faltet ein Stückchen Papier zehnmal in der Breite um und faltet es danach der Länge nach.

2. Die Krampe muß dann ungefähr so aussehen. Man spannt ein Gummiband zwischen Daumen und Zeigefinger, hängt die Papierkrampe an den nicht angespannten Teil, spannt, indem man die Krampe zwischen Daumen und Zeigefinger der anderen Hand klemmt, zielt und ... schießt!

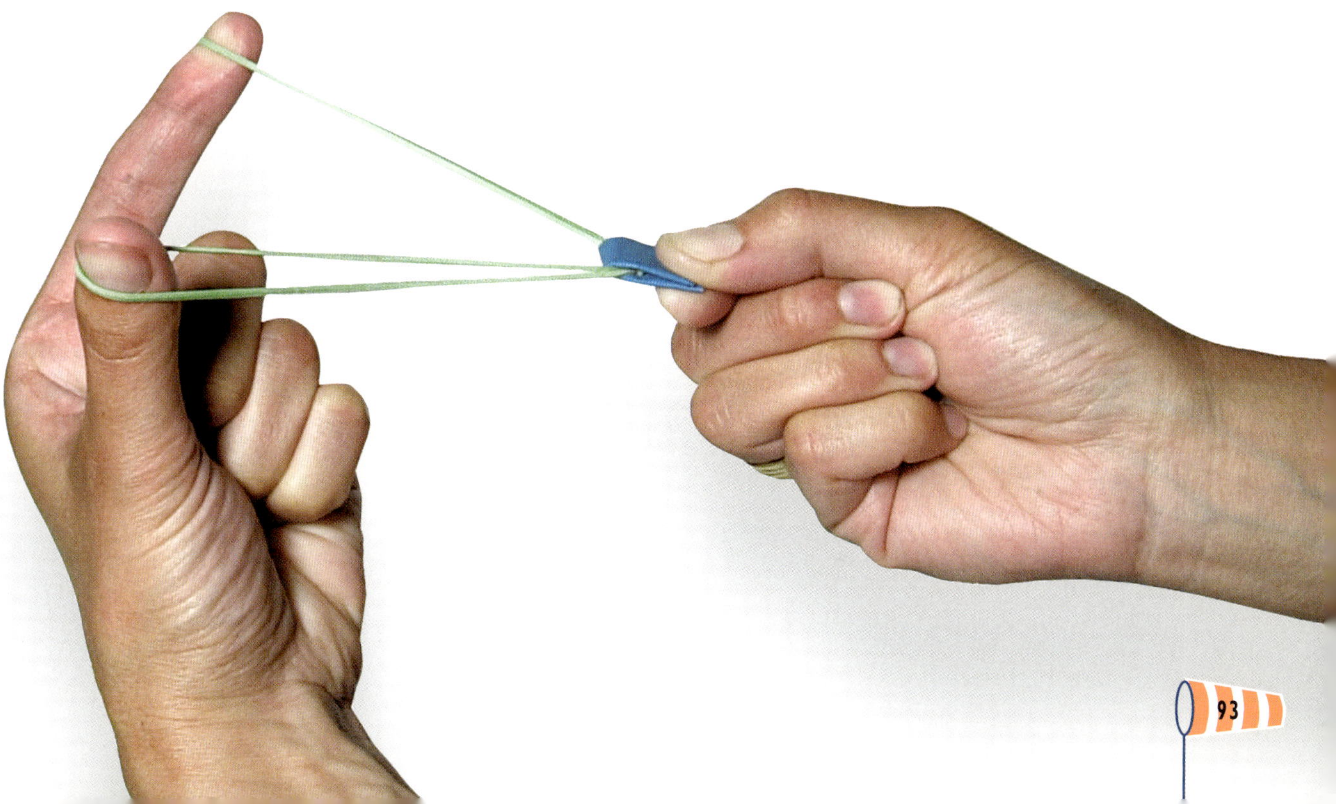

Das Katapultflugzeug verfolgt einen Hunter: Der „Jäger“ wird zum Gejagten. Wird er abgefangen? Oder entkommt der Hunter dem heimtückischen Angriff noch einmal?

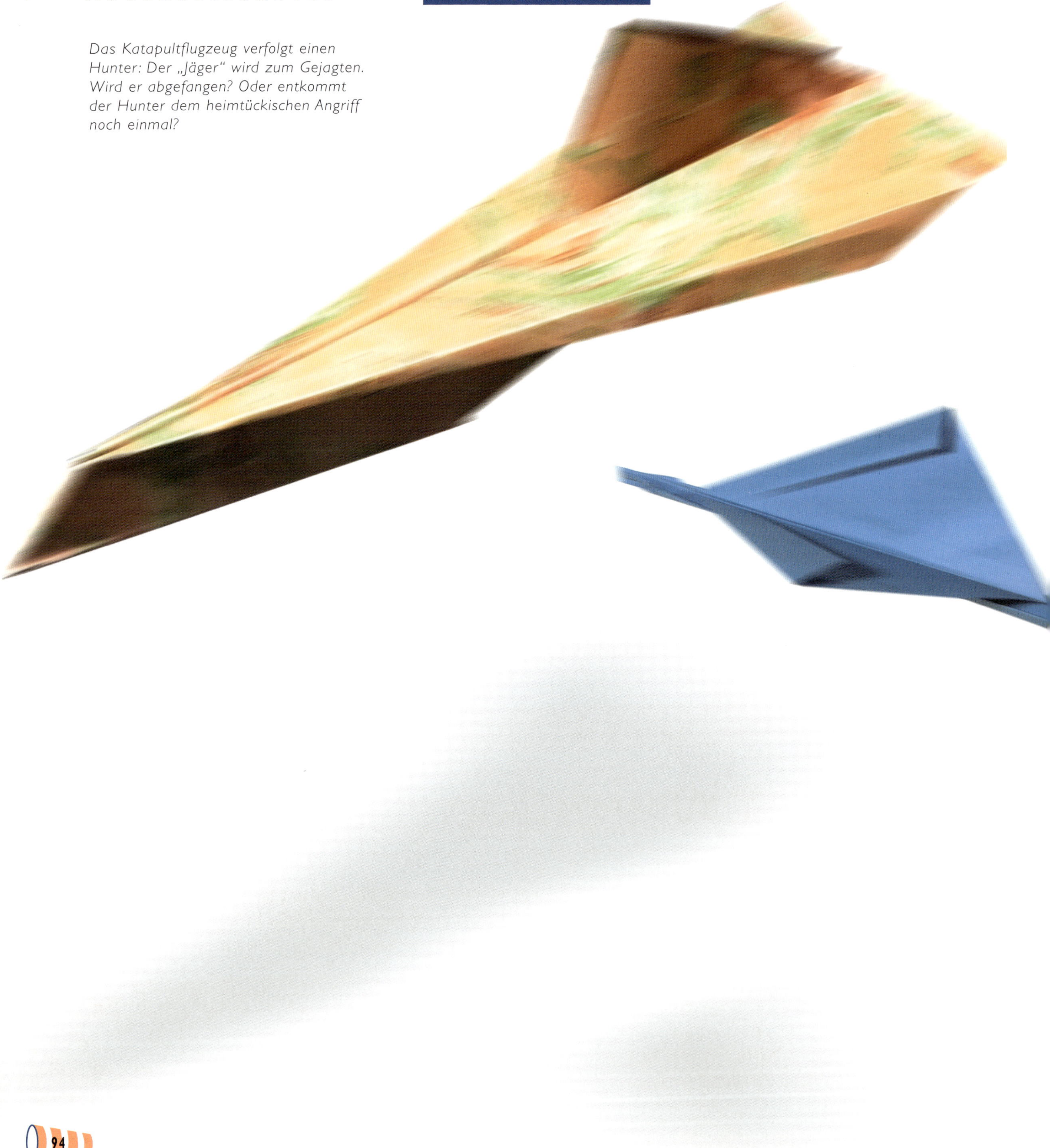

Das Katapultflugzeug (S. 81–85) kann auch sehr gut als Abwehrgeschütz verwendet werden. Man kann damit natürlich auf Ziele auf dem Boden schießen oder auf eine Pfeilscheibe schießen. Lustiger ist es allerdings, wenn man damit die Papierflugzeuge eines Bekannten aus der Luft abschießt. Übernehmen die Krampen eher die Rolle von Flakgeschützen, so handelt es sich beim Einsatz von Katapultflugzeugen schon fast um richtige Luftgefechte. Man kann z. B. die Schlacht um England nachahmen. Würden sich die Großmächte auch mit dieser Art der Kriegsführung begnügen, dann wären die meisten Probleme gelöst!

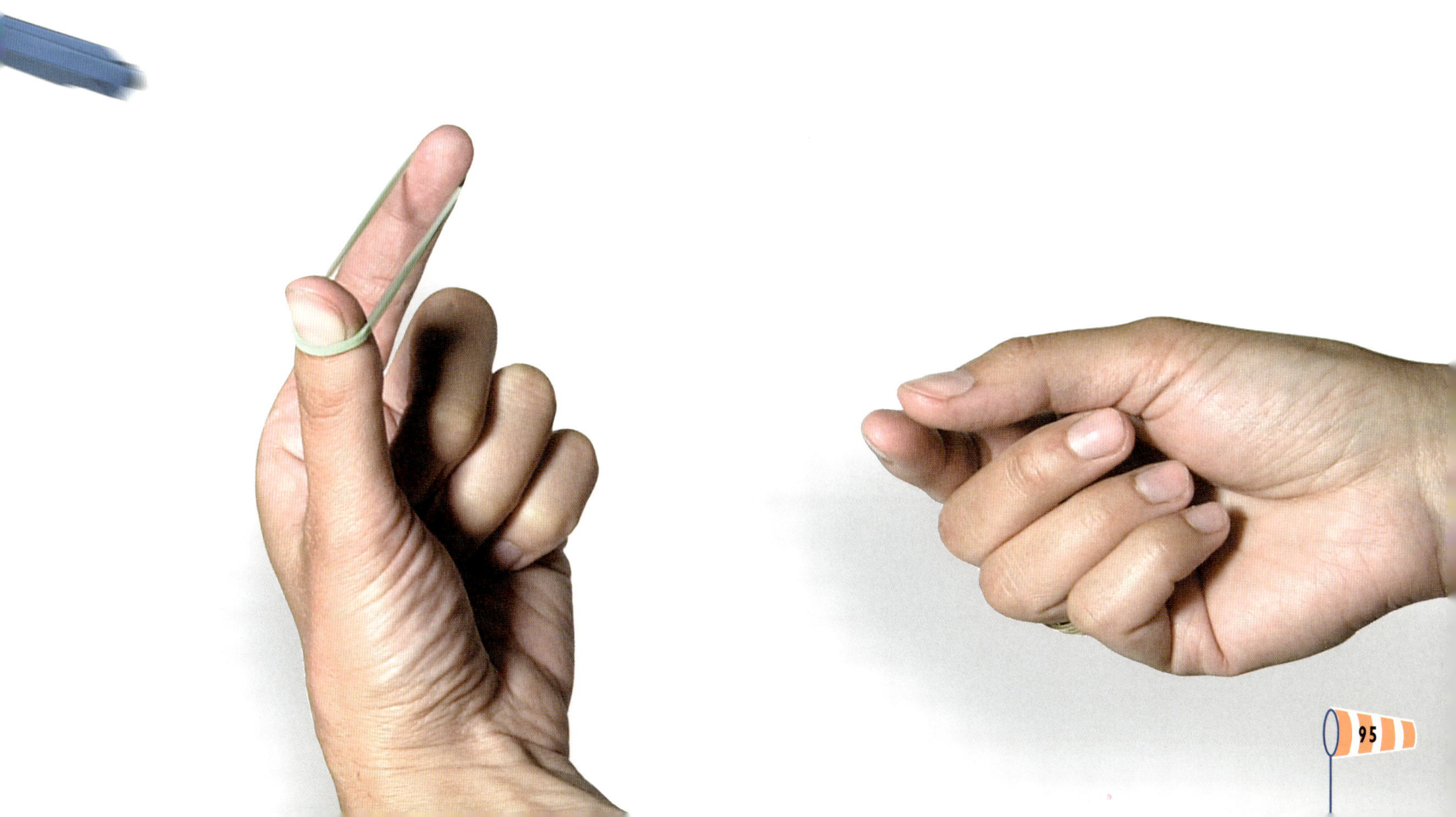

„Vervielfachungen“– sogenannte „Multiples“ – basteln ist eine Sucht. Der Ehrgeiz, Grund- und Basismodelle dabei möglichst oft zu verwenden und zusammenzufügen, treibt Bastler zu Höchstleistungen an. Man nehme besipielsweise das Grundmuster für den Flügel der Broken Arrow und falte daraus einfach die Einzelteile der Bombe! Wie viele man machen will und kann, hängt nicht zuletzt vom Geschick des Bastlers ab. Im „Guiness Buch der Rekorde“ gibt es jedenfalls noch keinen entsprechenden Eintrag.

1

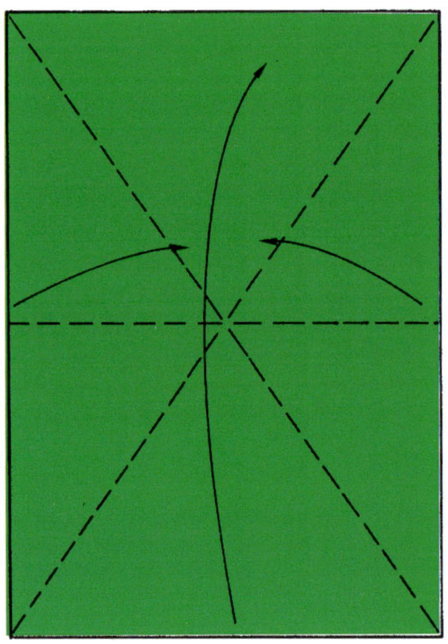

2

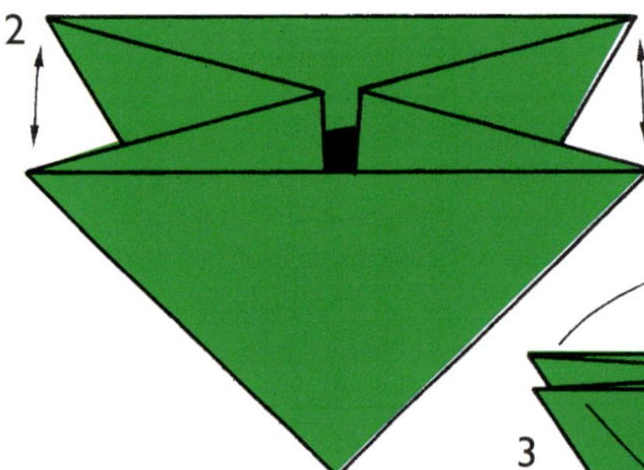

3

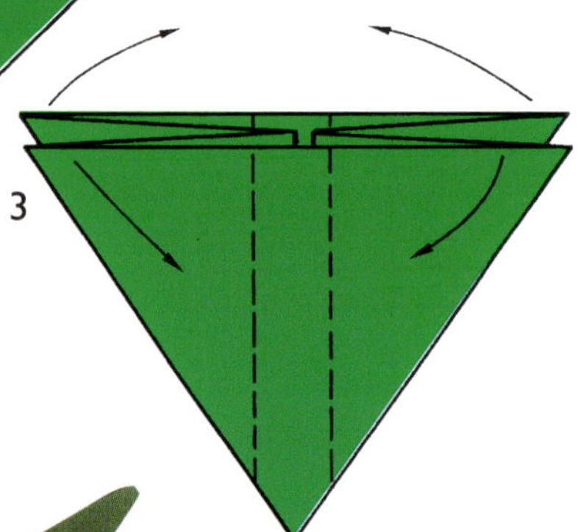

1. Man faltet einen Bogen von 20 x 30 cm an den Diagonalen und in der Breite.

2. Wenn man aus dieser Zeichnung die Standardfaltmethode noch nicht erkennen kann, kann man auf Seite 89 noch einmal nachlesen.

Die Bombe wird nach dem Grundmuster der Flügel für die Broken Arrow hergestellt.

3. Die vier Spitzen werden an der gestrichelten Linie und nach außen gefaltet. Zwei oder mehr dieser Figuren werden ineinandergeschoben und festgeklebt oder -geheftet. Die Bombe ist fertig.